烏布的天空
來自峇里島的小情書
安小柏 Amber Z. 著

自序

我想記憶一段時光，一段讓我重新省思過往，整理心緒，藉由與自然共處而再度整裝出發的生命歷程。

每個人的生命歷程都是獨一無二，那看似零零落落的日常，在某天驀然回首時，恍然明白，當時身處幸福微光中而不自知。或許，我們不該只是一味地往前邁進，一會兒往東；一會兒往西，偶爾也可暫停下來，坐在烏布街邊的發呆亭裡，坐看當地人的生活，像欣賞一場舞台劇或慢舞一般，一邊整理過往的人生，以回憶爲濾鏡，陽光爲光圈，微風爲伴侶，檢視那些已回不去的時光，或許才能明白，生命是如此美麗，當下是何其珍貴。

謝謝那些生命中出現的人，他們或留下，或離開，都造就我們如詩一般的人生，酒一般的回憶。

僅以此文，獻給曾如我一樣，行走在幽暗隧道中，心中感到又溼又冷，且無法把握何時方能走出陰暗，更不知前方是否眞能見到光亮的人。

生命如詩，總有那麼一兩句，是憂鬱、陰暗而晦澀的。但別灰心，給自己多點耐心，待某日走出幽谷而終見陽光之際，終將明白生命可貴的韌性，而能爲自己的成長、成熟喝采，也算是對得起此生，可以無憾矣！

安小柏　書予淮城2023.6.8
International Education College of Huaiyin Institute of Technology

目錄

DE UBUD
VILLAS

第一封信

初抵烏布

親愛的Z：

收信愉快！

今天是我初次來峇里島烏布旅行的第二天。一早我們到傳統市場逛逛，看起來和台灣的傳統市場有點像，只是更亂了點，髒了點，味道複雜了點。但我喜歡這樣的初體驗。由於還不太會算盧布，所以不敢亂買東西，覺得需要換算匯率有點麻煩。9AM左右我們回到飯店享用早餐，然後在街上散步、閒逛，整條路有好多商店，販賣著各式各樣峇里風的服飾和商品。對我而言，街道上隨意見到的店或餐廳都很有特色，很多東西想買，但一想到可能怎麼買也買不完，便作罷了！逛累了，我們去一家餐廳喝飲料，我點了杯現打的新鮮綜合果汁。位於餐廳後方有個小院落，我和朋友們坐在庭院裡喝茶、談天。午後的陽光正好，身旁有很多西方遊客，空氣中洋溢著慵懶的氛圍，時間彷彿變得很緩慢，恍然覺得人生也可以很簡單，不必趕路，只是靜靜坐著吹風，將疲憊的身心緩緩埋入暗影裡，看陽光如何移動，也或者只是怔忡片刻。

中午，我們在烏布市區有名的dirty duck餐廳用餐，坐在舒適寬敞的發呆亭裡吃飯，一旁是剛收割完的稻田，午風吹來，空氣中雜揉了稻草的清香，讓人身心舒放。大夥兒邊吃飯邊談天說地，一直坐到下午三、四點才終於甘願起身，騎車回VILLA休息。

午後和朋友騎機車去逛市場、吃晚飯，這裡騎機車要靠左，感覺很新鮮，但也要很小心，避免「犁田」（台語）。回VILLA前，我們到COCO超市採買很多零食和小禮品，開開心心回家開轟趴（party）、一群人喝茶或啤酒配小吃、零食，不亦樂乎。轟趴結束後，朋友們各自換上當天購買的峇里島風格的衣服走秀，互相欣賞著，想像過著道地烏布生活的自己。

今天的你，過得好嗎？

A.2015.7.1

烏布的天空

初抵烏布

第二封信

Anni家與聖泉廟

親愛的Z：

我在峇里島旅行的第三天，陽光正好，有些想念。想念你的笑。

早上起床後，我在VILLA2客廳長桌邊聽英文歌，邊享用豐盛的印尼式早餐，之後，和朋友一起到附近街道逛逛，簡單購買一些日用品。

下午約莫3-4點我們去一位VILLA女員工Anni家作客。一行人分騎三部機車，前往她家。抵達Anni家時，她的家人和幾個小孩早已準備好咖啡和茶點等候我們，雖然她的家的外觀看起來很簡樸，硬體設備也很簡單，但她們熱情而真誠的笑容，溫暖我心。

在Anni家稍做停留並參觀了她們的家廟後（在峇里島家家戶戶都有家廟），便前往「聖泉廟」參觀，聖泉廟建於十一世紀，因廟裡有一「聖水池」而得名。當地人相信這裡的聖泉，有消災祈福與療癒效果。不能免俗地，我們也圍上了SALON，依循廟方指示跳入泉水中，用雙手捧起聖水從頭頂上澆灌而下，彷彿有某種暗示作用，心裡覺得往後的日子一定會更加順遂。洗完聖泉後，我們在廟裡稍做停留，拍拍照，隨處逛逛，不經意看見聖泉池上有幾隻燕子盤旋環繞，良久不散，如此奇景令人嘖嘖稱奇，冥冥中似有一股神靈守護著這一淇清幽。

傍晚，回到VILLA，卡蘿帶我們去一家店名叫「影武者」的日式料理店用餐，它的食材新鮮美味。晚餐後，在回VILLA的路上，卡蘿順道帶我們去參觀她開的民宿。民宿位於偏僻幽暗的路段，隱在一片田園邊，後方還有一大片竹林，雖幽靜但有點陰暗，路旁還有幾隻野犬叫囂，當下讓我們一行人決定還是繼續住在VILLA好了。

明天準備花一整天的時間到靠近機場的海邊看一看。你呢？今天過得好嗎？

晚安！

A.2015.7.2

左邊是Anni，右邊是Anni的同事

進入聖泉廟之前 要先圍上Salon

第三封信

烏布的鄉野風情

親愛的Z：

今天是峇里島旅行的第五天。

早上我們去參觀卡蘿的新VILLA開幕祭祀典禮。大夥兒都必須在腰間圍上SALON，才可走到神壇旁觀禮，整個儀式洋溢著傳統的峇里島風，簡單、隆重。

中午，我們騎機車至鄉間小路閒晃，朋友帶我們到一家座落於田中央的餐廳吃鄉野菜。餐廳裡的食材全是原味食蔬，質樸、健康，我們在這裡待了許久，與其說它是家餐廳，不如說它更像座大型的發呆亭。餐廳建築的四周圍並沒有牆，像座大亭子，雖然天氣有點熱，但這樣與戶外相親近的用餐環境，著實讓人放鬆。

餐廳裡有像我們這樣三五好友齊聚一同談天說笑者；或有獨坐，點一道簡單餐點或飲料，閉目安坐，盡情享受寧靜無語的時分者。頓時感受人與自然一體，天地人和諧的氣氛。

午餐後，大夥兒閒步在田間小路上，享受這美好的夏日時光。下午則到一家河谷餐廳喝下午茶。

今天我們所到之處都是自然風景，身心靈感覺很自在，或許這正是我愛上烏布的原因之一。

晚上，我們去吃印尼菜，香料很多，很特別，我很喜歡。

希望有一天，我們可以一起來這裡吃吃天然原味的印尼菜。

會有那麼一天嗎？我在心裡問自己。

晚安！祝好夢！

想念你的A.2015.7.4

優遊自在的水鴨

偶爾也想像鴨鴨一樣，把頭埋入水中，不問舊事

路旁可愛的小店

第四封信

VILLA藝術家：卡蘿

親愛的Z：

別來無恙？這是我第N次想念你，但我不願打擾，只想靜靜靜靜地，與夜相依。

去年七月初（2015年），初次來到峇里島山城：烏布。認識了De Ubud Villas的經理人卡蘿、她的母親（菊女士）和她可愛的五歲兒子——小安卓。卡蘿說來烏布定居前，曾帶團到世界各地趴趴GO，後來到了烏布這個藝術之都，愛上這兒自由自在的生活氛圍，從此落地生根，至今已安居此地十幾年，因緣際會，她認識了現在的老板，老板委託她當經理人，放手讓她一手打造休閒度假村De Ubud villas，她所管理的VILLA走的是「低調奢華風」，每棟VILLLA的客廳都面對田野，只有籬笆，沒有門，自然也不需設窗戶。客廳裡的家具多選用原木材質，所用來裝飾的木雕和畫，皆來自烏布當地藝術家之手，每樣大大小小的擺設都是卡蘿親自採購的，營造出來的藝術風格，充分融合了在地文化特色，一踏進客廳，身、心、靈便立即感到放鬆，褪下塵世的責任、工作、華服、鞋襪，不必再扮演任何角色，也無須討好誰，只是單純地，回到自己。

當我們喜歡上一座城，就像喜歡一個人，想一直待在他身邊。我想我能體會這種感覺，就像台灣的埔里或奧地利的維也納之於我一樣，只要靜靜待著，靈魂便能感受到安定的力量。

山城的天氣有點兒熱，可空氣中瀰漫著一股緩慢、慵懶、從容的氛圍，於我而言，一切新鮮、有趣。每當夜深人靜時，朋友們紛紛入睡，我常獨自坐在VILLA的一樓大廳，邊聆聽Sam Smith的Stay with me，邊寫旅行日記，時而想念遠方的誰。

我在峇里島，想念我們相處的點點滴滴，那些當時並不以為意的細節、對話、歡聲笑語，在夜的帷幕開啟時，悄然在心上躍舞。

白天，我們試著融入峇里島當地生活。

一大早，卡蘿帶我們去傳統市場走走逛逛，品嚐市場裡的小甜點，放鬆地享受在地傳統市場的氛圍。

卡蘿常邊開車邊和我們聊天，她每天忙進忙出，專心打造心目中的VILLA樣貌。

初次見到她時，她正努力將舊VILLA的樹陸續移植到新VILLA區。她說：「我覺得自己就像隻打不死的蟑螂。」經我從旁觀察，確實如此。卡蘿隻身在異國創業，單打獨鬥，建立與安卓的家，在我這個習慣待在舒適圈的人看來，一點也不容易。但卡蘿卻一派輕鬆地說：「這哪有什麼難的？不過就是做事而已。因爲我喜歡這份工作，所以再忙，也不覺辛苦，反而玩得很快樂。」她的新VILLA距離市中心開車大約二十分鐘，占地1.5公頃左右，目前已陸續開放的有VILLA1234567，每間VILLA客廳門口都有一座私人小型游泳池，幾乎是長年夏天的峇里島，只要一覺得熱，隨時可跳進泳池裡玩水，享受片刻的清涼愜意。

度假村的工作十分繁瑣，對內得管理櫃臺、廚房、環境擺設、食物、器材、器具採買、客房服務、員工管理等細節；對外，有時要和司機一起到機場接送客人、幫客人租機車、指引客人到好玩好吃的私房景點，舉凡裡裡外外，大大小小的事，她都一手包辦，但卡蘿卻謙虛地說：「其實我的工作就是打雜。」跟在她身邊幾天，發現她凡事事必恭親，幸運的是，她有一、兩位訓練有素的員工，當她的得力助手。卡蘿說：「在這裡做事不難，但找人、選人和管理比較不容易。常常妳要員工做事，員工就一次只做一件事。比如：你跟員工說：這個地方掃一掃，他就眞的掃妳要他掃的那小塊區域，其他事都沒做，一次只能做好一件事，而且遇到事情能眞正權衡得失，正確下判斷、下決定的員工少之又少，她覺得訓練員工是最難的。

在我看來，卡蘿是個「刀子口豆腐心」的經理人。偶爾，晚餐後，會聽見她對員工破口大罵，氣起來就說要開除誰誰誰。但十幾年下來，這位她口口聲聲說要開除的人，還是在她的VILLA裡生存得好好的。卡蘿也從未眞正懲罰她，犯再大的錯都不會扣她薪水，可想而知她的開罵，久而久之員工就左耳進；右耳出，不痛不癢。但這就是卡蘿的管理風格，看似沒什麼原則，實則隱含了她待人的純厚與良善，有屬於她獨特的溫柔與細膩。另外，還有個重要原因，是因爲卡蘿十分了解烏布當地的風土民情，她是以此地的地域文化特色來管理VILLA，這樣的觀點給了我一些啟發，原來管理不只是一味地講究效率、方法，還要考慮在地文化，因時因地制宜，才是管理之道。在卡蘿看似沒有原則的管理模式裡，其實有不斷權衡得失、調整自我，力求達到高品質的要求。

不只一次，我問卡蘿爲何喜歡烏布？她都只是笑而不語。

待我第二次來到烏布的隔天，獨自坐在路旁不起眼的發呆亭裡，望著長出圍牆外的雞蛋花，心裡突然有了清晰的答案。

我相信每個愛上烏布進而留在這裡的人，一定都有各自精采的人生故事。

然而，相同的原因可能是因爲：這兒的風，徐徐的；樹，鬱鬱的；花，美美的，香氣淡淡的。一切都那麼自然，人們的心相對純淨，笑容透顯出眞心，讓人不知不覺卸下防備。（第一天晚上睡前，我不放心地把民宿大門鎖上。隔天一早卡蘿來找，把我唸了一頓，碎碎唸說：「這裡的人，沒在鎖門的啦！」）不知爲何，你只消在路旁的發呆亭靜靜坐一會兒，身心靈便自然沉靜下來，彷彿靈魂裡的雜質，慢慢……慢慢沉澱，所有的心緒紛紛抖落。這是個很靠近天堂的地方，空氣中揉和了一股神祕、自由、質樸的氛圍，讓人感到放心、放下，彷彿有個聲音在告訴你：「天意如此，何須強求？」就讓一切自由地來去，就像雞蛋花開花落，那般自然。

做自己想做的，盡情生活，樂在其中，時候到了，事情便會呈現出本然的樣子，猶如瓜熟落地，不必費心打造，老天自有祂的藍圖。就是種全然放鬆卻不隨便；寫意但不放任的生活態度，讓熱愛自然與藝術的人，愛上這裡，在靈魂深處記憶著它獨特的天然氣味、質樸美麗與自由況味。

每次你來，就像窺見它不同面貌與風情，也會遇見久違的自己。恍然明白，人們一直在世界各地尋找自由、快樂，但倘若不打從心底接納自己，與本然之心相依，走到那兒其實都一樣。

這是烏布給予我的啟發，我想和親愛的你分享，願你開心如常！

2016.2.6 2pm A.

附註：De Ubud Villas：Jln. Pinus No.8, Lodtunduh, Ubud, Bali, Indonesia 80571

卡蘿的De Ubud Villas 獨立泳池

烏布的傳統市場內部

第五封信

生活園藝家：潔妮

親愛的Z：

見信如晤。

這幾天，跟在卡蘿身邊跑來跑去，一天天地，更加了解她。雖然如此，直到現在，我們處得不太好，每次見面一開口，兩人說話的嗓門都越來越大，幾乎就要吵起來了。但我覺得這像是種心照不宣、坦誠相見。人常對陌生人客客氣氣，所以對這樣的相處模式，我並不以爲意。

今天最特別的是認識她的朋友潔妮。

潔妮是一家高級VILLA女主人。

大年初一（2016.2.8）用完早餐後，卡蘿說：「今天中午我們要去南部一位朋友的VILLA作客。」我們約好十一點在卡蘿VILLA的大門口集合，因爲還要等待她交代手邊工作，所以，約莫中午十二點我們才出發。

潔妮的VILLA位於烏布南方機場附近，一進門便看到佈滿綠色植物的花園，很抒壓，有種低調的奢華風。據卡蘿說，那兒每晚最低價大約是新台幣兩、三萬，常有國際明星或政要入住。

今天，當我們一行人抵達目的地時，已約莫下午一點半，潔妮家的家宴已擺設好了，她的先生、女兒早已等候多時。潔妮在餐廳門口，親切大方地迎接我們入座。席間，她稱職地做好女主人的角色，一一照顧到在座的每位客人。在閒聊過程中，潔妮說她很喜歡園藝，喜歡在花園裡工作，VILLA裡的花園都是她親自設計的。「凡事親力親爲」是我對她的第一印象。她說平日她一定在花園裡工作。大部分時間都穿著園藝工作服忙進忙出，潔妮顚覆了我對貴婦的刻板印象。一個人不管財富多寡，都應有自己的理想與熱愛。潔妮跟卡蘿一樣，是閒不住、積極做事的人。

讓我印象深刻的是，在我們用餐期間，她不時離席去隔壁用餐區與某電影明星聊天，態度眞誠、自然，彷彿他是她認識已久的朋友一般。這樣的待客之道，讓人感覺眞誠而溫暖，賓至如歸。

每當客人要離開，潔妮一定親自送客。從國際巨星、印尼總理到安卓這位五歲小朋友都一視同仁，讓人備受尊重。另一件令我印象深刻的事是，在聊天過程中，她提到她的大兒子，她說他今年二十八歲，正在澳洲讀聖經學校（神學院），潔妮說她的先生一開始無法接受兒子讀神學院一事，但兒子說這是神的calling（呼召）。爲了向父親證明這是個calling，他決定不接受家裡的金錢資助，單憑信心來證明上帝將供應他一切生活所需。他說：「神所呼召的，祂必供應。」就這樣，很神奇地，當他正在找房子的時候，有位朋友免費讓他住進他家，還提供學校的公車卡讓他能免費搭車來回。目前，他正持續展開一個人在異國的信心之旅。

不知爲何潔妮會和我們分享這件事，但聽到這故事的當下，眞的很感動。

有多久我已忘記神了？忘記向祂尋求安慰，忘了祂高過任何人？又有多久，我忘了禱告？求神成全祂要我做的事？讓我清楚明白來自祂的旨意而非自己的。「神所要成就的事，就必成全。」而我卻一直努力想得到自己要的，在追尋過程中，跌跌撞撞；起起伏伏，自以爲是。

也許我們應好好經營並照顧自己的生活，待懂得更適切地與自己相處後，才有餘力爲身邊的人付出，那怕只是煮杯咖啡、給份溫柔笑意。

午餐後，潔妮特地讓工作人員帶我們參觀VILLA的裡裡外外。一進住宿區的大門，便見到大大的戶外泳池，十足的休閒渡假風，讓人身心馬上放鬆下來。房間裡的布置簡單卻不失優雅，材質也很精緻，十分雅致，給人非常舒服的感覺。

不管是卡蘿或潔妮，都讓我見證到成功人士勤奮不懈、努力爲理想打拼的特質。「天地酬勤」，在我眼裡，卡蘿和潔妮都是眞正的生活藝術家，她們用無限熱情與行動力，每天把像空白畫布般的生活，揮灑得滋潤有味、多采多姿。就是這種認眞但不嚴肅；隨興卻不隨便，樂在工作中的態度，閒適舒放，任眞自得，充滿創造力。

待人眞誠，熱愛生活，樂在當下，眞誠地與家人、朋友共創美好時光。

是這樣富足的生活，激勵了暫時處在迷惘中的我。

當我們回到烏布，已是黃昏，夕陽下的椰子樹和天然去雕飾的De Ubud VILLAS，我心中的仙境~烏布，心裡有股說不出的幸福感。

今天，因緣際會與踏實、熱情的生活藝術家——潔妮相會，在愉快的氛圍裡，度過美好的一天。我想把這份暖意分享給遠方的你，願你也能找到生活中屬於你的熱情，過平靜、幸福的生活！

A.2016/2/8

第六封信

爲什麼愛上烏布

親愛的Z：

收信展歡顏！

昨天下午，騎車經過一家路邊小咖啡館，它的外觀小小的，卻給人一種溫馨的感覺，我把機車停在門前的小院子裡，充滿好奇地推開門走進去，點了杯熱美式和一小瓶冰啤酒，然後坐下來，隨意靜思沉澱寫寫旅遊日記。

咖啡館裡，瀰漫著一股慵懶的氣息。年輕的老闆、老闆娘看起來像對戀人或小夫妻，兩人不時低聲說笑，開心浪漫的氣氛，無形中也感染了我，讓我心情莫名開朗了起來。音響裡傳來輕柔的鋼琴樂音，午後的冬陽從落地窗外，恣意地潑灑進來，店裡只我一位客人，十分安靜，眞是難得的閒適、自在。

約6PM左右我回到VILLA，卡蘿帶我和我的同學們回她家吃晚飯，她邊準備晚餐邊和我們分享她以前當領隊時有趣的經驗，包括帶團到義大利，在機場遺失了兩、三件行李，不斷找人幫忙，甚至找上當地黑手黨，一開始都無法解決問題。當晚爲了省錢，她只好在機場附近的民宿過一夜，隔天再次到機場，仔細觀察誰是機場主管後，她便直接去找那個人，請求協助，最後，經過卡蘿不屈不撓的努力，終於找回遺失的行李，機場所有她拜託過的人及航空公司的人都爲她鼓掌祝賀。這就是卡蘿，使命必達的女中豪傑。

卡蘿說國中時，她遇到一位天天找她麻煩的班導師，這位班導師同時也是她的英文老師。在一次親師會，班導師和卡蘿父親談話，她的話引起父親對卡蘿的誤會，認爲她又交男朋友又亂花錢，導致那段時期卡蘿經常被父親罵，親子關係弄得十分緊張。在那之後，爲表心中的不快，她每天一到學校，便趴在書桌上睡覺，每天都睡滿八小時，以示對班導師無言的抗議。她覺得她的國中三年被班導師毀了。或許因爲有過這樣的人生經歷，讓她至今在不知不覺中，仍對老師這一職稱，存有或多或少的偏見。

升上高中後，卡蘿開始與眷村朋友（當時的竹聯幫大哥）混在一起，一同渡過了風光的三年，每天上下學，大哥都騎著追風機車到校門口接送她。晚上，卡蘿到統一超商上夜班，日子過得多采多姿，有滋有味。可能因爲這特立獨行的作爲，致使班導師視她爲不良少女，進一步導致師生關係緊張，也間接影響到卡蘿與父母間的親子互動。後來，國中美術老師找她回母校福利社打工，讓她有重新被肯定的感覺。於是，她毅然決然接受了這份工作。「如今回想起來，一切似乎是爲了向國中班導師證明自己也可以很棒！」卡蘿不勝感慨地說。

她的這段人生經歷提醒了我：身爲一位老師，其角色，不應高高在上，而要試圖了解孩子言行背後的眞實原因，千萬別以表象判斷學生，甚至有刻板印象，否則不僅沒能幫助學生，反而易以關愛之名，行傷害之實。而當一個人在成長過程中，被傷害、被否定後，在她往後的人生裡，可能要花加倍力氣，向旁人證明自己其實是很棒的！

更多時候，我們不經意複製別人對待我們的錯誤方式，不自覺地傷害最親近的家人、朋友或自己。

卡蘿說她家裡一共有六個兄弟姐妹，由於父母親工作忙碌，無暇他顧，小時候她被送到外婆家寄養，直到上小學才被接回父母家。初次回到父母家的她，坐在客廳裡，覺得自己像個客人，感覺生疏、不知所措。或許就是這份與家人間的疏離感，造就了她「獨自勇闖天下沒在怕」的豪氣與獨立性格。

烏布路旁的雞蛋花

卡蘿的家宴

烏布的發呆亭

從某種角度來看，上帝是公平的，祂給了你某項欠缺，一定會用更棒的禮物來補足。單單看我們有沒有眼光和智慧去發現深藏在苦痛背後的那份化了妝的祝福。

閒談中，卡蘿也聊到烏布的文化。她說：「這裡的人多數信奉印度教或伊斯蘭教，他們普遍相信萬物有靈，尊重萬物，比如說當地人在蓋房子時，會爲了不傷害樹而刻意往後退幾公尺動土、動工，讓路給樹，不會爲了蓋房子而把樹砍掉。」從這點就可看出峇里島的自由氛圍與尊重萬物的文化觀。

烏布這地方富有藝文氣息，許多木雕、手染，繪畫等藝術品在此一覽無遺。來到烏布讓人感受到自由自在的輕鬆氛圍，每個人都是別人旅途中路過的風景，各有各的去處；也各有各的美，誰也不互相干涉，不批判誰，尊重彼此的熱愛與自己想要的生活方式，是一種眞正的舒放、自由。

眞心覺得這兒像天堂，不似天上，是人寰。

A.2016.6

第七封信

有朋自遠方來

親愛的Z：

昨晚安卓的乾媽一家五口從台灣來到DE UBUD VILLAS，爲了迎接他們的到來，我們一起在VILLA的庭院享用印尼式晚餐，戶外的空氣清新，蛙聲遍野，雖說當天下午和表妹已吃過沙爹飯、炸魚排了，但還是禁不住誘惑加入陣營。因爲卡蘿做的又香又辣，天然美味的印尼菜和烤魚，沾上清爽的醬汁，眞是太美味可口了。

安卓乾媽一家給人的第一印象十分有教養，夫妻倆對人的態度謙和有禮，三個小朋友大寶、二寶、三寶也聰慧可愛。

這世間有些東西是錢買不到的，金錢買不到珍貴的愛，買不到家人朋友的眞心相待，而這些才是最珍貴的。

De Ubud Villas戶外用餐區

感謝上天，讓我有幸遇見美好的人事物，豐富了這趟旅程。

在峇里島的生活方式，就是慢活。

每天除了外出逛逛，看看好玩的人事物，吃吃美食，泡泡咖啡館，聽聽音樂、寫寫作外，閒暇之餘就在VILLA一樓的泳池游泳或舒舒服服躺在澡缸裡泡玫瑰花澡。有時，大半夜，卡蘿還會來邀請我們去VILLA One吃榴槤（胖死人不償命）。大家一起聊天直到快天亮才甘心上床睡覺。

早餐時間通常在8:30AM左右，享用豐盛美味的食物，我開始閱讀《荒漠甘泉》當天的小篇章，然後獻上詩歌。第一首是「因著十架愛」。第二首「何等恩典」。第三首是

「愛，我願意」，在禱告中將不愉快的事都交給了神，心情頓時愉快了起來。

唱完詩歌後，我們便出發去山中小溪泛舟。

大家分別坐在幾部小艇上，每部小艇都有一位當地師父指導持槳的人划船。期間不時與別人的船艇碰撞，每次不小心擦撞，我就習慣性跟對方說對不起。事後，卡蘿笑我：「哪有人在泛舟，還一直對著別人說對不起的!?」我尷尬地笑了。回程，卡蘿帶大家去吃好吃又便宜的GAYA冰淇淋，十分清爽，令人讚不絕口。

回到市中心後，大家再去Seniman Coffee喝咖啡，大

約下午四點半左右，所有人都累了，他們紛紛回VILLA休息。唯獨我一人，想靜靜坐在咖啡館裡寫作、沉思、發呆、偶爾觀察身旁的旅人，他們的神情、舉止，身上的配飾，慢慢讓心靈沉澱下來。晚餐時，我到SPICE餐廳與大夥兒會合共進晚餐。SPICE的餐點很特別，整體感覺西式混搭日式風，擺盤呈現出美食的創意藝術感，食物新鮮、美味，一道道慢慢打開我們的味蕾。

就這樣，在烏布，又度過了靜謐、充實的一天。每天都體驗了生命中獨特的新事物，這便是旅行迷人之處。

希望你今天也都好。

A.2016.2.12

第八封信

水明漾

親愛的Z：

看不見未來的想念，使時間變得異常緩慢。心上似有顆細沙，頑固地磨礪著，讓人喘不過氣來。

每日清晨，我還是試著打起精神出門面對這個眞實的世界，若無其事地與他人互動。這反差的內外世界，將我的思維切成兩半，一半勉強讓光透進來，一半沉鬱陰暗令人窒息。

今晨，約莫十一點左右，我們一行人（十個）開車前往峇里島南部的海邊走訪。清朗的空氣，微熱的海風，白雲皚皚的藍天，一群大小朋友在海邊戲水的歡樂畫面，是不是很忘憂？

水明漾的海和水果酒

「美麗的大自然，難道不足以讓人忘記傷痛？」我反覆問自己。

生命中最難忘的回憶，常是由微不足道，小小的，歡樂片刻組合而成的。想起有次，你邊逛生活用品，邊開心地呼喚我的名，讓我過去看看你發現的戰利品。當時的我，並不知道，兩年後的今天，會如此想念那個吉光片羽。難怪李商隱說：「此情可待成追憶，只是當時已惘然。」

離開海邊後，我們繼續前往水明漾。它位於峇里島機場附近的海邊，我喜歡這個美麗的名字。它的街道很乾淨，街上的商品琳瑯滿目，品質看起來也比烏布好些。

中途我們在一家高檔的Moliya餐廳享用午餐，餐點很一般，價格卻有點昂貴。頓時覺得還是台灣餐廳的CP值比較高。而後，我們前往海邊，此時正值夕陽西下，陽光把大海染成了金黃色，海風徐徐吹來，沐浴在金色的夕陽餘暉下，令人心曠神怡。

水明漾閒適的海邊風情，與烏布山城的氛圍很不一樣。海邊景色美得像首李商隱的詩，很療癒亦有點蒼涼。我們坐在海邊各自啜飲一杯調酒，欣賞黃昏美景，心情十分閒適舒放。後來，表妹、Maggi（表妹同事）和我先回烏布休息。卡蘿和瑩一家人繼續留下來玩。回程還請司機帶我們去買巴東飯。今天的行程走的是貴婦風，真是讓人大開眼界，一路上見識到高級海邊大飯店和一家很棒的雕刻藝術店。水明漾這個有著美麗地名的城市，是我會想再造訪的勝地。每天都是特別的一天，新的經歷，新的體驗，玩得很開心，可心裡卻異常寧靜。

願你今天過得好，如我一般。

A.2016.2.13

泛舟趣

烏布的巴東飯

第九封信

忠實的客服家：普渡

親愛的Z：

今天好嗎？從新聞上得知，台灣南部發生地震了，願你一切安好。

今早從DE UBUD VILLAS起床後，吃早餐前先到發呆亭坐坐，看看天空、聽聽音樂、寫寫日記。

餐後，普度（美月VILLA裡的元老級員工）帶我們去猴子森林公園裡的一間寺廟參拜。大家各騎一部機車，在這兒必須靠左行駛，一開始有點不習慣，久而久之也就適應了。

圍上salon才能進入廟宇

和台灣一樣，現在也是烏布的過年，人們會抽空到寺廟裡敬拜祈福，所有進寺廟的人，都必須圍著salon（用一塊漂亮的布圈住腰部以下），奉上鮮花、水果敬拜，之後廟方人員還在我們每人頭上點水，並在我們在額頭上貼一小撮生米，普度說：「這是祈福的意思。」然後吃下一些生米，祈求來年豐收、富足，很有趣的文化體驗。

新年祈福儀式結束後，普度分一些水果給我們，也分一些給公園裡的猴子。大家隨意走走逛逛、拍照。這兒有好多猴子，冷不防地撲向你，令人有點害怕，但也很新鮮刺激。離開猴子森林公園後，表妹和我決定去附近咖啡館坐坐順便吃午餐，店裡的SATAY飯很香很好吃，我們邊吃邊聊天，十分放鬆。我想我該丟掉一些心上的東西，輕鬆地往下一站大步前行。我在心裡

猴子公園

這樣對自己說。

「如果一直住在峇里島，生活會變得怎樣？是否會更開心呢？」這幾天這念頭不斷地在我腦中一閃而過。

沒有所愛的人在身邊的生活眞的會快樂嗎？而眞正的幸福又是什麼？記得自己曾深刻擁有過，只如今那些歡樂時光，早已煙消雲散。我想念那樣的日子，但一切就像二〇一六年2月峇里島的雨季，即將結束，且永不再來。

生命中能眞正擁有的又是什麼？

一切我們所以爲擁有的，都只是暫時握在手中罷了，最終終須放手。眞正能擁有的，或許只是當下這一秒，而當下最美，也最眞。但願不在彼此身邊的當下，我們都能各自安好。

像峇里島的風，徐徐的；樹，鬱鬱的，心情也慢慢地慢慢，放晴。

晚安！

2016.2.14 A.

第十封信

卡蘿的回憶

親愛的Z：

你好嗎？

昨晨一起床，先泡了個玫瑰花澡，身心十分放鬆。因為前一天是情人節，VILLA的工作人員特別幫我們準備了一些玫瑰花瓣灑在床上，並用花瓣做了一個大大的愛心，超級浪漫。我便用這些玫瑰花瓣灑在澡池裡泡澡，渡過了一個芬芳滿溢的早晨。

表妹的同事Maggie今早大約十點就出發去機場，飛往新加坡會見朋友了。中午，我和表妹就跟三寶一家子共進午餐。小朋友一直講笑話，我也講些冷笑話故意和他們比賽玩樂，大小朋友們玩得不亦樂乎！餐後，他們去搭機返台。

所有的旅程都有結束的一天，唯願快樂的回憶永存心底。

下午，我和表妹又來到烏布主街及猴子公園附近逛逛。在商店買了幾張明信片，然後到一家名叫Taco的咖啡館喝咖啡，一邊吃墨西哥薄餅，一邊躲雨。雨停了，我們去COCO商場買行李袋後，便騎機車回VILLA。晚上又泡玫瑰花澡。旅居峇里島的日子裡，我愛上了每天泡澡，除了可放鬆身心外，也樂於享受一個人的安靜時光，在獨處中，一點一滴整理心緒，那些過往的回憶，重新被拾起摺疊、放下、藏入記憶的寶盒裡。

晚上，卡蘿來訪，和我們聊天。

她說二〇〇一年時，她三十幾歲，一個人在紐約。之前待的地方，正好位於紐約雙子星旁，911的前一天她回到了台灣，幸運地躲過那場世紀災難。她在紐約待了2-3年之久，曾到語言中心學英文，也曾幫朋友照顧珍珠奶茶店。有天，她的朋友突然跑到了美國的另一洲，然後打電話給卡蘿，率性地說要把珍珠奶茶店和一部跑車留給她，請她代為照顧。面對突發狀況感到一頭霧水的卡蘿，只好硬著頭皮接下了這個攤子，隻身撐起這家小店，處理了不知該停放在哪兒的跑車。

聽了卡蘿分享她在紐約的故事後，覺得她的人生盡遇到奇人異事，煞是驚險、有趣。我打從心底佩服她的危機應變能力。

有時，我們經由身邊的人的故事，才更加發現生命的精彩與豐盛。不是嗎？

願你也能過上精彩的生活！

A.2016.2.15

情人節的玫瑰花瓣

第十一封信

烏布慢活家：阿甯

親愛的Z：

最近好嗎？過年期間，出去玩了嗎？

今晨起床後，我便到二樓戶外發呆亭，聽音樂、看書、寫作。掛上蚊帳的發呆亭別有一番情調，一個人靜靜享受晨間的田野風光，讓身心安靜片刻。

早餐後，來到VILLA大廳，見到了阿甯，便坐下來和她聊天。

初見她，是在去年（2015）六月底，第一次來烏布時。阿甯是安卓的保姆，華語說得十分流利、道地，讓人印象深刻。阿甯說她曾到台灣工作三年，主要從事照護、陪伴老人的工作。因爲當時的女主人很喜歡看八點檔連續劇，阿甯經常跟著看，很快便學會一口流利的華語，台語也略通。

有一次，當我們一群人在海邊享用燭光晚餐時。收工後的卡蘿，風塵僕僕地（從VILLA到這裡開車大約需要一個半小時）帶著安卓和阿甯來到我們所在的沙灘餐廳會合。坐在海邊喝飲料的阿甯，一身全黑的伊斯蘭服裝，頭上包裹著深紫色的頭巾，她的身後是一片橘藍色的夕陽海，在燭光閃耀下，顯現出一份靜謐、神祕的美。事先經過她的同意後，我拿起相機，按下了快門，留住那份永恆的美。

同時，我知道，所有的時刻，都像那一刻，永不再來。

就像你，親愛的Z。也像過去的我們，早已封存在某個時空裡，以光陰為酒，釀成了永恆的回憶。剎時明白當下這一刻有多麼珍貴。

海邊的阿甯

阿甯很會做純天然的手工豆漿，喝過她做的豆漿的卡蘿和我，都會建議她兼職做豆漿賣給VILLA的客人或附近的店家，但她聽了都只是淡然一笑，沒說什麼。我感到狐疑地問卡蘿爲什麼阿甯不這麼做？卡蘿說：「聰明的阿甯，她只想過平凡、平靜、恬淡的生活，她不想把自己搞得太累。」「什麼是眞正的富足？」阿甯用她知足的生活態度，給了我最好的答案。

掛上蚊帳後的發呆亭

阿甯的先生跟在一位外國紙藝術家身邊學做造紙藝術，前後已有十年之久。這次經由她的引介，我們有幸至藝術家的展示店參觀。

「一切的中心概念是：『空』。」當我們到店裡參觀時，紙藝術家K先生如是介紹他的作品。店裡的擺設簡單、淡雅，除了掛有幾幅大型紙藝術品外，最顯目的無疑是它的待客空間。昏暗小巧的客室裡，舉凡桌子、茶具、燈具，在在都給人一份寧靜的感覺，十足的禪味。彷彿只消坐坐，靈魂裡的雜念，便立刻煙消雲散。紙所做的燈具，自然地流露出一份溫馨、溫暖的況味，彷彿燈本身也有生命、有溫度。中國人講究風水，自有其道理。簡單地說，風水並非什麼玄虛怪理，它透顯的是一種環境對人深刻的影響。

這使我想起了你，Z。每當我在你身邊，我的靈魂也有著這樣感覺。這份立刻安靜下來，不再汲汲營營的感覺，此生，能否再遇？我想我會愛上烏布，正因爲烏布本身有種天然的療癒力。

據說它的名字的本義是「藥」。

在這裡，我曾找回迷失的自己，也曾天眞地以爲，能忘記一切，關於你的，我們的。但誰知道呢？或許流浪，從來不是爲了追尋；而是爲了忘記。

獻給你，Z。

2016.2峇里島，烏布，盛夏。

第十二封信

明日之星：畫家小安卓

親愛的Z：

收信展歡顏！

今天我教小安卓寫字。

雖然他只有五歲，但學寫中文字學得很快，教起來特別有成就感。

我先教他寫他的中文名字，一筆一畫地，像畫畫一樣。然後教他寫鱷魚、恐龍等他喜歡的動物名。由於他喜歡畫圖，學寫中文字時，也像在畫畫，學得很開心的樣子。每天晚餐後，我們會一起用毛筆寫中文字。可以感覺

小安卓寫的中文字

小安卓坐在家後院的小吊床上

到小安卓很開心，我也很開心。他是我最小，也是最得意的門生之一，更是我在烏布的好朋友。

五歲的他身高雖比台灣同齡的孩子高出許多，外表像個小大人，但只要一開口，依然可感受到他天眞、可愛的一面。

有天晚上，我們用完晚餐後，躺在他家後陽台的吊床上聊天。

我不經意地問他：「安卓！你可以把掛在更衣室門上的那幅畫送給我嗎？我覺得你畫得很棒耶！」「不可以！」小安卓不假思索地回絕。我不死心地接著問：「爲什麼？那我用十萬盧布跟你買好不好？」「不行！多貴我都不賣！因爲那是我媽媽最喜歡的！」小安卓回答。

剎時，我的心有股暖流刷地流過。彷然撞見一個五歲小男孩對母親的愛，溫柔、眞摯。何其有幸，能遇到如此聰順的孩子，他心思細膩；溫文良善。

回到台灣後，我經常想念小安卓，聽卡蘿說安卓也常常想念我，三不五時就吵著要打電話給我。今天傍晚，當再度坐在我最愛的校園角落~一個我稱之爲「VILLA書房」的地方，心裡有份感動，想寫信給他。

親愛的小安卓！

收信快樂！

這些日子以來，你都好嗎？開心嗎？

昨天早上媽媽和我視訊，我看見小安卓睡覺時的模樣，真可愛！

雖然你還沒睡醒，無法和你講話，但見到你熟睡時的模樣，還是很開心！

到了晚上終於和你視訊了。聊天聊到一半，你因為太累而不小心睡著了。謝謝你在電話裡，忙著找你新學會的中文字紙張，迫不及待想跟我分享！

媽媽說你每次學會寫一個中文字，就吵著要打電話跟我分享（她說她都快被你煩死了。）令我聽了十分感動！謝謝你想念我，在你身上，我重新找回一個老師最初的熱情，那份與學生真心互動時的喜悅，是你提醒我，什麼是初衷。

原諒我沒能跟你話別，就偷偷回台灣了。

不是因為不想再擁抱你一次；也不是因為不想再偷偷親你Q彈有勁的可愛臉龐，而是因為媽媽說以前你看到剛認識不久的朋友要離開villa，就追著對方離去的車子邊跑邊哭喊著：「別走！」聽到這件事，有股想落淚的衝動，我想我能體會你的心情。

因為，我和你一樣，害怕離別。

所以決定不說再見，這樣就不必難過。

很高興今年（2016）三月底，媽媽和你就要回台灣度假了，屆時，再把欠你的那個擁抱，加倍還給你，別忘了把你新學會的中文字（聽媽媽說是你自己看手機學的，真聰明！）帶回來與我分享。

謝謝你從不用你認為我應該有的樣子來期待我，謝謝你喜歡真實的我。

即使你長大，我也喜歡真誠、善良的你。

我想像有一天，你成為烏布最有創意、出色的畫家。

但如果你沒有如我所期待的那樣，我也一樣喜歡你。

雖然，我是你的中文老師，但你同樣也豐富了我的生活。

對我來說，我們是彼此生命中的老師。

今天，寫信給你，除了傳達對你的想念，也希望藉此讓你練習讀中文信，慢慢從中學習一字一語。有一天，或許你也能用中文寫信給我。那一天，相信我們都會很高興！

祝福 小安卓

天天開心！

想念你的Amber 2016. 3. 13 4:50 PM

親愛的Z，這是我寫給小安卓的信。

是他讓我再次看見人與人間那份單純的喜歡與美善，那些看似微小卻可貴的溫暖善意。

昨晚睡前，一個人靜靜沉澱心情，我想到了一個問題，是關於愛。信手寫下這段文字，將它送給你。

什麼是愛？
愛是風雨歸途中，不經意遇見的一抹溫暖微笑。
是浪跡天涯，獨自走在不知名的異鄉
依然能感受到有個誰，心繫我的安危。

愛，是問，也是不問。
如果我不說，你就不問。
如果我忘了說，你也會適時地提醒一下。

愛不是你要照著我的方式
也不是我配合你的喜怒哀樂
是我終於學會讓你勇敢做自己

是繁花凋謝後，絕望中
忽見的，那抹新綠。
愛，是你，也是我。

謹以此文，代替萬語千言。

A.

第十三封信

烏布的過年與傳統文化

親愛的Z！

台灣的過年好玩嗎？和往常一樣你和家人回南部嗎？

今年過年我逃到了峇里島烏布。

一方面想暫時遠離熟悉的日常，一個人靜一靜，好好認識烏布的人事物，想知道究竟是什麼力量讓人們看起來如此無憂、無求。希望自己也能找到那份早已失去的平靜，重獲力量。再次來到這裡，一個人傻傻坐在發呆亭望著天藍雲白，有時看看對街的佛像石雕，放空，享受不被打擾的寧靜。

烏布的過年 街景一隅

這幾天適逢峇里島過年，坐在路邊的亭裡吹風，可以看到對街男主人細心地把一支長長竹竿架好，慢慢用很多白色的紙雕裝飾它，極盡華麗，也極富耐心。聽說一根竹竿從裝飾到弄好，大約要2-3天的時間，弄好後，家家戶戶會把它插在家門口，爲時至少一個月之久，目的是爲了祈福，藉由長長的竹竿，傳達對神靈的祈求，祈願平安、富足，人們相信神靈會透過竹竿賜福。這幾天，走在峇里島的大街小巷，都可看到祈福竹竿飛揚的壯麗景象，剎時明白，雖然世界上有不同的國家，相異的國情，但對於幸福平安的生活想望，都有著同樣的祈願。除此之外，還可看到許多男男女女穿著傳統服飾，或出門採買，或帶著水果、乾糧至廟裡拜拜，街上人來人往，煞是熱鬧。女人們除了穿著亮麗的傳統服飾

烏布的過年 街景一隅

外，有的頭上架著小籃子，在自家門口忙進忙出，步伐和動作舒緩自然，自有韻律感，像正跳著一曲曲曼妙的舞。

我坐在發呆亭裡，像觀賞舞台劇般看著整條街來來往往的人，在忙碌中，透顯出一份異樣的節奏與溫柔。做爲異鄉客的我，似乎也感受到幾分幸福的恬靜氣息洋溢在風中。即便如此，心裡仍感到一點點孤單，因爲知道這一切皆與我無涉，而與我有關的，遠在幾萬哩外，那個我所在乎的人，已暫失音訊。

心情時而平靜；時而波瀾。

我試著將目光望向牆上的雞蛋花，想像它的清香，那足以撫慰所有失落、不安的，芬芳，像你身上的味道。這樣聯想的我，感到一絲絲的暖意。

在峇里島，晨起，躺在床上想念遠方，邊聽Chester see唱的Say Something，等待你給我回音。這是我第一次在異鄉過年，原本渴望能有異樣的心情，但心還是無可救藥地陷溺在無邊孤寂裡。

想起有一次，你坐在街口的便利超商裡，神情專注地爲我縫黑色背心的第二顆鈕扣。當時的我，靜靜坐在一旁看著，忍不住舉起手機，拍下那一刻。

烏布的佛像石雕

不斷地細問自己：是哪個環節出了錯？在VILLA的戶外游泳池裡，將頭埋入水中。圍牆外，蛙鳴，嘰嘰喳喳，擾人心神。晚風徐徐吹來，讓人有些倦意。

在這個特別的日子裡，願你平安喜樂！

A.2016.2.15

第十四封信

雨天的烏布

親愛的Z：

今天好嗎？

在silovakia的西班牙餐廳打工旅行的你，心情如何？

你的馬CITEN最近怎麼樣？已經許久沒看到你在FB分享牠的照片了，有些掛念。

這幾天烏布的午後經常下雷陣雨。

聽說夏天的烏布總是多雨，像台灣的梅雨季。

你那裡的天氣又如何？下著雨的時候，把CITEN帶回遮雨棚下的你，又是如何打發雨天的時光？

在烏布，每當下雨，
我習慣躲進任何一家隨意遇到的路邊咖啡館裡，
一個人安安靜靜看著人來人往和溼漉漉的街景。
有些外國遊客背著重重行李，典型背包客裝扮，
甚至連雨衣都沒穿，隨興地走在雨中，
讓人欣羨那份自在、灑脫。

想像自己也能這樣恣意走在雨中，
而雨水能洗刷旅人身上的塵埃嗎？
淚水呢？是否也能滌淨心上舊事？

想起那天，我們一起走在silovakia往多瑙河方向的街道上，

那是個陽光和煦的冬日，我們一直走一直走，
終於走到位於多瑙河畔的古堡，
參觀完古堡的我們在河邊來回散步，累了，就停下來喝杯咖啡。

如今回想起來，原來最平凡的幸福，經常是潛藏在細微處。
在烏布的這段時間，我很少散步。
大部分時間不是騎著機車四處晃，
就是在街上隨意逛逛。

我想念走在有你的城市裡，
慢慢散步去找你的時分。

在烏布，我十分喜歡看著人們散步在街上的光景，
他們大部分是西方遊客，

有的像情侶，有的是一家子。
從一個地方，往另一個方向移動，
不必趕路，也無須擔心下個行程或景點在哪兒，
只是在主街上走走，
路旁的建築物和古樸的雕像皆是藝術，
一種很烏布風的藝術。

在台灣，我一向喜歡海邊更勝於山上。
只如今，在峇里島，
卻喜歡烏布的山區況味更勝於人潮不斷的海邊景色。
即使那是有著美麗夕陽的海，
於我而言，都比不上氣氛慵懶、獨一無二的烏布。

街角小店門口的雕像

此刻的你，正在餐廳裡做什麼呢？
午後沒什麼遊客的時分，音響裡傳來幾首老闆特意挑選的英文抒情歌，
你是否像往常一樣，和同事坐在餐廳門口長廊上談天說笑？
猶記得去年去拜訪你時，正巧遇見你的老闆來店裡巡視，
我稱讚他的音樂品味好。
他很有禮貌地，對我微笑致意。

深夜裡，我依然每天聽歌，
可白天，就算因雨而躲進咖啡館裡，
也甚少聽見讓人留下深刻印象的歌曲，
每當這樣的時分，
心底總有一首慢歌悠悠地播放著，
那是謝安琪〈眼淚的名字〉。

我在內心裡，靜靜聆聽
一邊望著對街跪姿的石雕像。
陽光打亮了祂的臉，
祂的笑，明亮且溫暖。

這一路上，我問自己究竟遺失了什麼？
在旅途中苦心尋找的，又是什麼？
笑而不語的佛像像是知道答案般地沉靜，
斂眉不語。

願你那兒的天氣也是雨。
雨中的你和馬都很開心。

A.2006.9.30

烏布街道旁溫柔可愛的雕像

第十五封信

烏布的路邊小店

親愛的Z！

你在布拉格都好嗎？

陽光是不是剛好，剛剛好溫暖你的心？

是個雨夜。

寫信給你的此刻已是峇里島時間凌晨兩點半，

表妹和她的友人已入睡。

烏布的夜靜美，使人不捨入睡。獨坐在無牆亦無門的VILLA客廳裡

聆聽Rod Stewart的歌（Have I Told You Lately?）

獨特的嗓音把夜渲染成深藍色

而我，像一尾魚，悠遊於回憶的海，一波波藍色的浪潮將我淹沒。

想起白天走過的烏布街道，遇到的人和他們舒緩的生活節奏。驚訝於他們身上有著我原有的東西，可惜在忙著追逐生活目標的過程中，忘了知足的可貴。看著這裡人們的生活，恍然明白，心安知足向來與外在的世界沒有太大關係。只要內心豐盛自在，生活便可盛美。那份放鬆，潛藏於靈魂裡的靜謐，滿足於現狀，享受當下恬淡生活的釋然，是烏布最迷人的風情。

今天遇見兩家特別的小店，店裡的氣氛和老闆臉上的笑，至今仍令我印象深刻。

一家是開在路旁的小雜貨店。

店裡賣些餅乾、糖果等零食，還有一包包削好的新鮮水果。老闆娘年紀看起來約莫六十歲，她親切地招呼進來買東西的大人或小孩，有幾個孩子等著跟她買現做的蔬菜餅。看著她一邊開心地招呼客人，一邊舞動著手裡的勺子的神情，恍然明白所謂恬淡自如的生活樣貌卽是如此。這位女士的店面雖不大，但她樂在工作中，工作時的她神情愉悅自在，使我聯想起奧修說的：「做什麼事都應該像在戀愛。」樂在工作，樂在生活，活在當下，一點一滴，一時一刻，累積成我們的人生，豐盛富足的一生。

另一家店，是間離馬路有點距離的小咖啡館。

它的門口有塊大大的，凹凸不平的空地，因爲離路面有點距離，加上正好位於下坡路轉彎處，這樣的地理位置，讓路過的旅客很容易忽略它的存在。

這幾天騎機車四處閒晃的我，幸運地繞到它門前，被它小巧精緻的氛圍吸引，二話不說便停好車，進去點了杯美式咖啡。店員（也可能是老闆）看來十分年輕，約莫二十來歲，女孩是個西方人，金色頭髮，明亮的雙眼，安靜地進出廚房，偶爾與他交頭接耳，輕聲細語。

我喜歡這份寧靜，小心翼翼尊重別人可能想要安靜的自由。

或許是因爲這正是此刻的我，最需要的。

想起多年前，我們在布拉格相

烏布的小店和笑口常開的老闆娘

遇的那個夜晚。

是個初秋的晚上，

風有點大，雨也下下來了。

朋友約我一同去國家劇院觀賞歌劇。

進劇院前，還有一些空檔時間，

我們先去一家當地餐廳享用晚餐，

大夥兒吃了烤鴨簡餐，香味多汁的鴨肉，讓人食指大動。

晚餐後，步行至河畔歌劇院。

當天下午才臨時上網預約歌劇票的我，很幸運地買到位於4號包廂的票。

初次看歌劇，心情十分興奮。

驚訝於劇院裡，那金碧輝煌的建築之美，讓人目不暇及。

烏布的小咖啡館

走進包廂裡，你已靜靜坐在那兒。
像獅子看見獵物般，眼睛發亮地看著剛進門的我。
你親切地對我說聲嗨，大方地與我握手。
自我介紹說，你是布格格醫院的麻醉科醫師。
我簡單說明自己的工作和來歐洲旅行的目的，便安靜坐下來與你寒暄。相談甚歡的我們，甚至還一起合照留念。

如今，想起那個夜晚，
你燦爛的笑，像今日烏布的陽光。
在雨夜裡回想起來，依然深深溫暖著我的心。
或許此生，都不會有機會告訴你初遇時的心情
以及當時我所見到的你，有著紫色鬱金香的神祕，憂鬱氣質。
也或許沒有機會讓你知道：
曾有個人，走在峇里島的街道上，不經意想念起布拉格的你

和相遇時的那個奇妙夜晚。

但有什麼關係呢？
我在烏布遇見了跟你不太一樣的人們和笑容
但同樣深深觸動我的靈魂。
這一切讓我提醒自己活著是件多麼美好的事。

看看峇里島的居民，想想我在台灣的日常，
恍然明白
沒有哪種生活方式才叫「最好」。
只要是自己喜歡，眞心希望的
腳踏實地地走，就是最美的生活，
也一樣是寫意、充實的人生。

祝你
有美好的一天！

A.2016.9.6

第十六封信

寧靜的烏布

親愛的Z！

收信展歡顏！

時間把我們變成了什麼樣子？
跟你當初所想望的一樣嗎？
在現實的洪流裡，我們是走在一意孤行的路上，
還是融入現狀，對於原本想要的生活，
讓步再讓步？

旅居峇里島的日子裡，
閒暇時分，
我喜歡躺在卡蘿家後院的吊床上，望著眼前滿滿的綠
呼吸夏日香氣
時兒想念遠方，時兒靜靜面對自己。
那一刻，時間與世界彷彿靜止，
而我，也只是一片綠。

夏日香氣

背對世界，永遠比直面容易。
面對影子比面對鏡子裡的自己，輕鬆自在。
空氣裡飄散著樹的香氣，夏風柔柔地吹來
心事漫漫的，沒有任何事須著急處理
也無任何事要過度擔心，唯一的難題只是面對，面對自己。
自己的執著，往往是最難跨越的那座山。

SUSU（安卓的小狗）在地下一樓哀怨地叫了幾聲。
猜想牠跟人一樣，渴望自由。
或許基於同情，
我請安卓下樓解開繩子。
得到片刻自由的牠，
開心地繞著我們轉來轉去。

烏布的樹，烏布的風，是自由的。
在這兒，興許只是靜靜在吊床上坐會兒
身心也能得到片刻的喘息。

寧靜的烏布

我的心，像首節奏明快的奏鳴曲，終於等到了一個久違的　休止符。

人們常說峇里島的美景美食，那裡好玩好吃
如何如何地吸引人。
然而我所喜歡的
始終是這份難得的寧靜。
就像海邊的岩石，偶有波瀾壯闊的浪濤
但在風雨過後
終歸平靜的那份況味。

願你
平安喜樂！

A.2006.7.8

第十七封信

放鬆的氛圍

親愛的Z！

當我第一次來到烏布，一出機場，視線瞬間被那燦亮的藍天白雲迷住，天寬地闊令人心曠神怡，峇里島的陽光、風，熱情溫柔地撫慰人心，能在短時間讓人將煩憂拋至九霄雲外。

「放鬆」正是我在峇里島——烏布找回的心境。

今天我讀了一本書，書名是《人一生要去的一百個海島》，書裡有對峇里島詳細的介紹。說它是「天堂之島」，一點兒也不過譽。印尼有16800多個小

放鬆的氛圍

島，峇里島能為人所知，自有其特殊之處。藍天白雲，徐徐晚風，金巴蘭橘紅色的夕陽海灘，烏布的慵懶與藝術風讓峇里島成為天堂之島，不僅因為它的風景秀麗怡人，也因為它特殊的放鬆氛圍，讓人流連忘返。在這裡白天你無須鎖門，晚上家裡就算沒門、沒牆，也不擔心遭小偷。就是這樣和善的環境，讓人樂於安居久待。

這裡的海邊有座有故事的廟，叫「海神廟」，相傳有對年輕男女，女方父親是村長，他不答應女兒嫁給平民百姓，於是，這對相愛的情侶在斷崖投海殉情。後人立此廟，用以紀念一段愛情故事。斷崖邊建有一座烏魯瓦寺，此崖被稱為情人崖或望夫崖，很多遊客慕名而去。

愛情是人世間永恆不變的課題，最能反映人性。在人性的光輝裡，彼此給予暖意，相互取暖，成為彼此靈魂的另一半。或許正因為這樣，才無法面對分離。

但願，我能忘記背後，努力面前，不斷往前走，看看生命會給我什麼樣的驚喜。

祝你有美好的一天！

A.2017夏

第十八封信

金巴蘭的海邊

親愛的Z！

今天的峇里島很希臘。

整個下午，我與友人都待在金巴蘭海灘。

天氣很熱，人懶懶的，心空空的。

海邊沒什麼風，人很少，最好的方式是動也不動地躺在遮陽棚下聽歌發呆。

金巴蘭的海邊

金巴蘭海邊的夕陽

本以爲周圍會有些商店，可惜什麼都沒有。

我們試著四處逛逛，好不容易找到一家臨海的高級旅館，它的一樓有商品店，我挑了幾個價格合宜的杯墊準備當伴手禮。這家高級旅館非常棒，查了一下價格，住一晚大概需要台幣一萬元左右。在有夕陽與星星的金巴蘭海邊享受一次美好景致，即使只有一晚，也足夠孵一個傻傻的夢。

人這一生究竟要做什麼才能展現出「我」是「我」呢？於我而言可能是創作，說說對這世界的看法，那些觀看的角度，或許不那麼美，卻是表述個人想法的方式之一。就像每個來到峇里島——烏布的人一樣，當他們談論烏布時，回憶的方式與角度都不盡相同。每個人對生活的視角，都各有其獨特的一面，正因如此，這世界才能繽紛多彩。

人生數十年的光陰，能有完整的一天，是屬於金巴蘭海灘與夕陽的，亦足矣。海邊的夕陽美得像首詩，餐廳旁的表演台上，有個穿著亮麗傳統服飾的女人，正跳著峇里島的傳統舞步。海風徐徐吹來，低頭啜飲一口啤酒，竟有些微醺。人生偶爾需要像這樣的時刻，按下暫停鍵，忘記一切，忘記自己。

很高興曾與峇里島相遇，也很高興在人生的這趟旅程中遇見你。

不管我們對待彼此的方式如何，都希望最終留在生命裡的是純善與美好。

每當想起你時，我將滿懷感激，並在心底深深祝福著你。

且將過去的不愉快遺忘在金巴蘭的海邊吧！

我祝你

平安快樂！

A.2017深秋

第十九封信

烏布的鄉野

Dear Z!

收信愉快！

今天早上我在SAM SMITH的STAY With Me歌聲中醒來。

在寧靜的烏布的夜裡，他的歌聲顯得蒼涼，但似乎又有那麼一點點什麼類似迴響的東西在心底盪漾。或許，那是來自自己的聲音。

今早，在VILLA的二樓戶外發呆亭享

暖胃的雞絲粥、水果餐

用早餐，卡蘿精心爲我準備了雞絲粥，一盤水果和一壺峇里島咖啡，對著一大片翠綠的田野展讀《每天都是放手的練習》。這樣開始一天的生活夫復何求？

若是你生活在烏布，「練習放手」顯得多此一舉。

只因這兒的生活很簡單，而眞正的放手並不需要練習。

我曾問卡蘿一個問題：「爲什麼一樣是鄉下，在台灣的鄉下很難找到烏布這種慵懶的感覺？」在烏布彷彿可以沒什麼欲望地生活著，如果硬要說有什麼，一杯咖啡便是每日最大的想望了。

隨意寫寫日記後，在夏日多雨的午後，我與表妹來到街上的皇宮。藍天白雲，讓人忍不住按下快門。夏日的雞蛋花散發出淡淡的清香，在下過雨的午後更溢芬芳。一場突如其來的雨將大地沖刷得更加洗練、潔淨，雨絲不經意飄落在我的臉上，彷若從前。想起我曾站在大雪紛飛的街道上，等候某人的到來，那份雀躍的心情，清晰如昨。

最初，來烏布是爲了遺忘，可卻無時無刻不想起。唯有街角不經意遇見的佛雕，它安穩的笑，彷彿提醒我當下的重要，以及當下的靜謐與美麗。

你可曾嗅聞過雞蛋花在雨後陽光下散發的清香？可曾走過雨後潮濕的、長長的街道，只爲街角的一杯咖啡或蛋捲冰淇淋？可曾騎著車，慢悠悠地在田間小路晃呀晃的，只爲尋幽祕徑，抵達鄉間饒富自然風味的餐廳，一嚐寧靜氣氛下保有天然風味的美食？

如果你也和我一樣熱愛自然，會明白我的喜歡，會明白坐在無窗無門隔絕的木屋下，隨意擺張桌，邊看田間水鴨遊走，邊讀書、吃吃cheese cake喝喝下午茶，那一刻彷若置身天堂。沒有門窗的屋宇，讓人在不知不覺中，卸下心中框架。心裡似乎有個聲音，哐啷巨響，高牆倒下了。再也無須僞裝，你只是自己，或者什麼都不是。

原來人可以活得這麼自然、純粹、自在。

便宜又好吃的冰淇淋店

來到烏布，才真正了解何謂「不必費心追尋」。
烏布的安靜，天然去雕飾，讓我找回了初心。
願你開心，如我一般！

A.2017夏

烏布的鄉野餐廳

第二十封信

夜晚的烏布咖啡館

親愛的Z！

在寂靜的冬日裡，你的心情好嗎？你所在的城市，天氣又如何？

我在夏日的烏布咖啡館戶外座區，啜飲一杯冰美式，咖啡的味道有那麼一點點酸，一點點苦，像此刻的心情，一種經過沉澱後的溫柔況味油然而升。下午，來到一家很有意思的咖啡館，傍晚的人潮越來越多。吧台旁搭起了舞台，一個看似當地人的歌手，背

著吉他站上台，客人紛紛騷動起來，大家激動地拍手叫好，看來他有不少粉絲。餐廳門口的大樹上掛著一閃一閃的燈，亮麗炫目，恰似星子。男歌手的聲音蒼桑有勁，絲絲入扣。靜靜坐在這樣的夜裡，沉浸在歌聲裡，思緒自成一世界，任意泅泳，如一尾魚。

夜裡的咖啡館有放鬆的氛圍，這是烏布慣有的氣息。

晚上回到民宿，一整棟兩層樓的房子，偌大的屋子裡，只有我和表妹兩人。雖然卡羅的家就在隔壁，但怎麼樣都有一份不踏實的感覺。或許我太習慣都市裡的吵雜聲，以致於太過安靜的烏布的夜，讓人出奇心慌，我想我害怕的不是別人，是安靜下來的自己。

此刻，不管你在哪裡，誠願你

平安喜樂！

A.2017烏布夏天。

第二十一封信

烏布的日常

親愛的Z！

回憶曾排山倒海地侵襲過你嗎？什麼是你最初的感動？在峇里島流浪的時候，走在小小不知名的街道上，每一處不經意路過的風景、石雕、傳統市場販售的木雕、畫，都潛藏著一份靜謐之美。生活中，小小的美，在從容的步調間，被發現。

今天，遇見一座石雕，它位於卡蘿的VILLA渡假村裡。石雕的可人兒右腳立起，兩隻手自然重疊，擺放在膝蓋上。頭歪斜地靠在手背上，像在休憩，也像入睡。一種歲月靜好，現世安穩的況味。我覺得這便是我想要的生命景況，一份繁華落盡見眞淳的安然。

這是烏布的日常。
生活本身很單純，愛一個人也可以很純粹，
專心享受當下，品味生活的歡樂或苦痛。
難的是心境，
難的是永遠調伏不了的那顆不安定的心。
Dear，你呢？是否已過上了自己想要的生活？
願
隨處自在。

A.

De Ubud Villas裡的石雕

第二十二封信

烏布的畫作

親愛的Z！

收信開心！

這趟峇里島的旅行，很多時間都是獨自一人四處晃，所以，我隨身攜帶一本書，在什麼也不想寫的白天或無法入眠的夜裡，就著夏風展讀。

這是本我非常喜歡的旅遊書。

我已準備閱讀第三遍。

每次讀它，依然覺得那麼靠近作者的心情和她那「沒有預約的旅程」那份隨性與自由。作者是愛麗絲．史坦貝克（Alice Steinbach）Without Reservations中文書名《沒有預約的旅程》。裡面有句話深得我心，她說：

烏布鄉野路旁的小店

「我已經可以體會，生命最終卽是由細微的日常瞬間累積而成。」

不正是如此嗎？我們花很多時間意圖了解人生究竟是怎麼一回事，到頭來才發現，生命是由每個瞬間拼湊而成，每一天就像一塊獨一無二、不可或缺的小拼圖。拼圖裡是美、是苦、或醜陋、或光明、黑暗，悲苦喜樂，交織成我們每個人獨特的一生。任何一種經歷，都是生命中獨特而珍貴的小故事。

旅居峇里島的夏天，我最愛做的事情之一，便是背起小小布包和大大的單眼相機；穿著簡單T恤和很有峇里島風的花熱褲、夾腳拖，一個人騎著機車，來到傳統市場逛逛。相信和我一樣愛逛傳統市場的你，一定也會喜歡這種平易近人，充滿朝氣與活力的生活況味。也就是這股生活味，一點一滴撫平了旅人不安的心。

每次來到傳統市場，都能發現驚喜。那或許是路邊牆上的雞蛋花，或店家門口隨意擺放的一幅畫。

走入市場，迎面擺設的小攤位，大多是賣祭神用的各色小花。亮菊、粉紅、大紅、淡黃，五顏六色，繽紛多彩。想像著人們每天早上起床，先將自己梳洗一番，然後換上乾淨簡單的服飾，將從市場買回來的小鮮花以清水洗淨，盛裝在小小盤子裡或用天然葉子編織成的小籃子裡，拿到家門口或附近的神龕進行簡單的祭神儀式。路旁做生意的店家，會把那一小盤鮮花隨意擺放在店門口的地上，以示祈福。開門，敬天謝神後，再展開一天的工作。想像這樣開啟每一天的心情，應是充滿著平靜詳和的幸福感。

市場入口色彩繽紛的小花

聽卡蘿說峇里島人每天的祭拜工作十分繁瑣，祭拜不同的神要準備不一樣的花，因此她專門聘請一位女員工負責拜拜，聽起來有點誇張，但卻很能彰顯印度教萬物有神的概念，反映在他們的日常生活的每個細節裡。

不禁思索一個問題：有著這樣虔敬信仰的人生和什麼都不信的人，會有什麼不同？

猴子木雕

路旁小店的木雕面具

在烏布傳統市場裡，除了看看當地服飾、包包外，我最喜歡的便是欣賞所有賣畫或木雕的店家。店裡那些顏色鮮艷，色彩繁複繽紛的畫作，是我所喜歡的用色風格。可能是因爲當地有猴子自然公園，所以有些畫作或木雕也以猴子爲刻畫對象。他們的繪畫技巧好或不好並非我所關注的重點。重要的是，畫裡透顯出來的那股純眞、自然質樸的風格。談不上不假雕飾，但卻可謂是不假掩飾。

那份源於靈魂深處的最初與純粹，深深地吸引我駐足欣賞。最終忍不住出手買下兩幅看起來像是一對的對畫。

畫裡的男子穿著傳統服飾，右手持著一把藍色羽扇，左手擺放在身後，動作像跳舞般輕盈，目光炯炯地望著他心愛的人。在他大大的眼神裡，我看到了生命的熱情與火光。那份爲愛燃燒的激情，似曾相識。或許是因爲自己也曾有過那樣的眼神，那份悸動，那份曾爲誰而心跳的激動，如今已飄散在風中。但，是那份經歷與教會我餘生都要爲能讓自己心跳的人事物而活。生命之火已然被點燃過，久久不熄。或許有天，這份心情終將成灰燼。但我依然由衷感謝此生曾有過這份經歷，因爲你。是以有幸，撞見那樣的自己，即使只是曇花一現。

另一幅畫作裡的人物是個女人，她身上的穿戴十分雅緻柔美。頭戴扇型高冠，身著貼身服飾，和畫作中的男子一樣，都穿著藍色花紋的裙子。女子的身體向著男子方向，她的眼睛若有似無地盯著前方。腰間的腰帶很長，流蘇自然地隨風飄動，煞是柔美。

她的連身長裙，垂落在地。動作像在跳舞，十足的女人味。是什麼讓我出手買下他們，也無法細說。

或許是在他們的眼神裡，看見曾經的自己。

期許自己，今後也能以這樣的眼神與熱情看待生命中所有的細微片刻，將生之熱情，爲喜愛的人事物燃燒、綻放。

烏布的畫作 安小柏收藏

就像Alice Steinbach說：

「如果人生可以重來的話，我一定會更勇於改變自己，而且不止一次。」

我並不期待人生重來。

但我期待，

勇於改變自己，就從此刻開始。

放手為生命、為理想燃燒，不負此生。

你呢？又是什麼能激發你的熱情？

A.2017.9.1

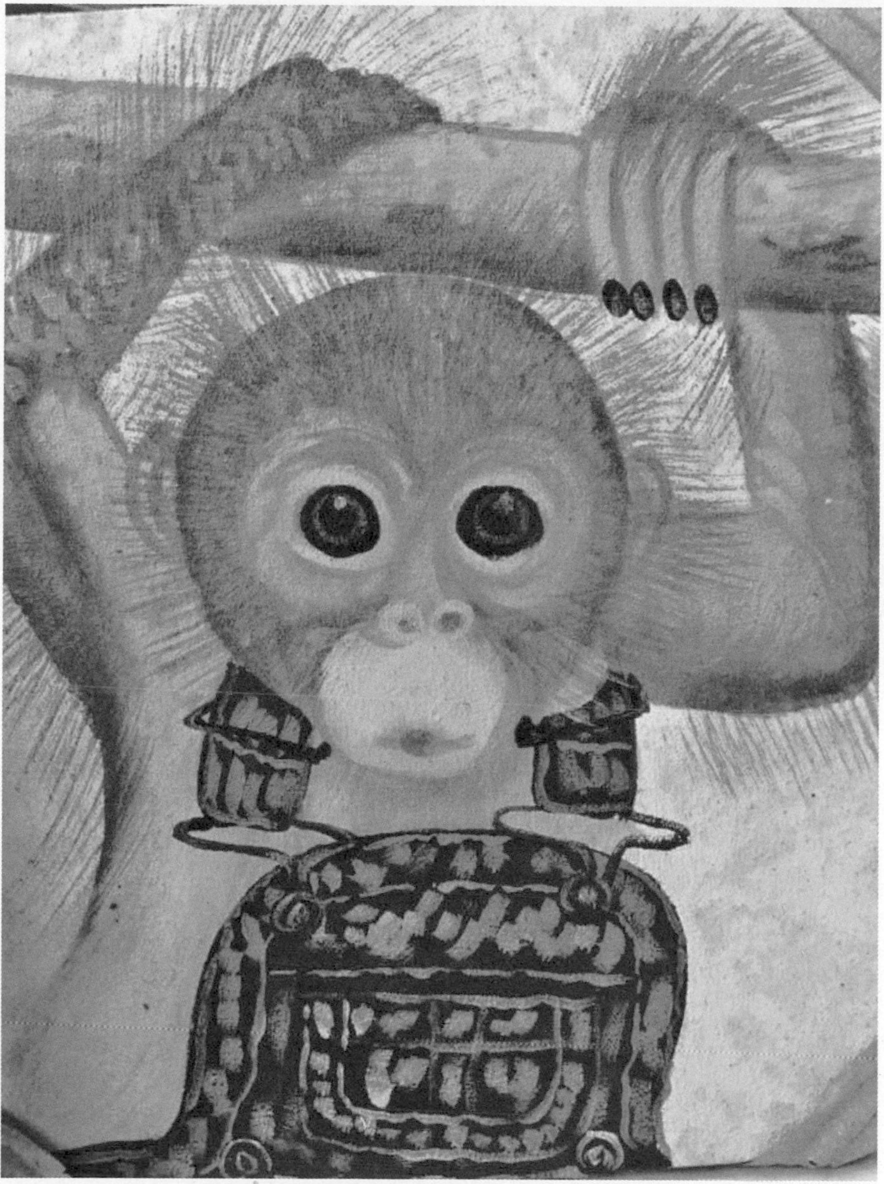

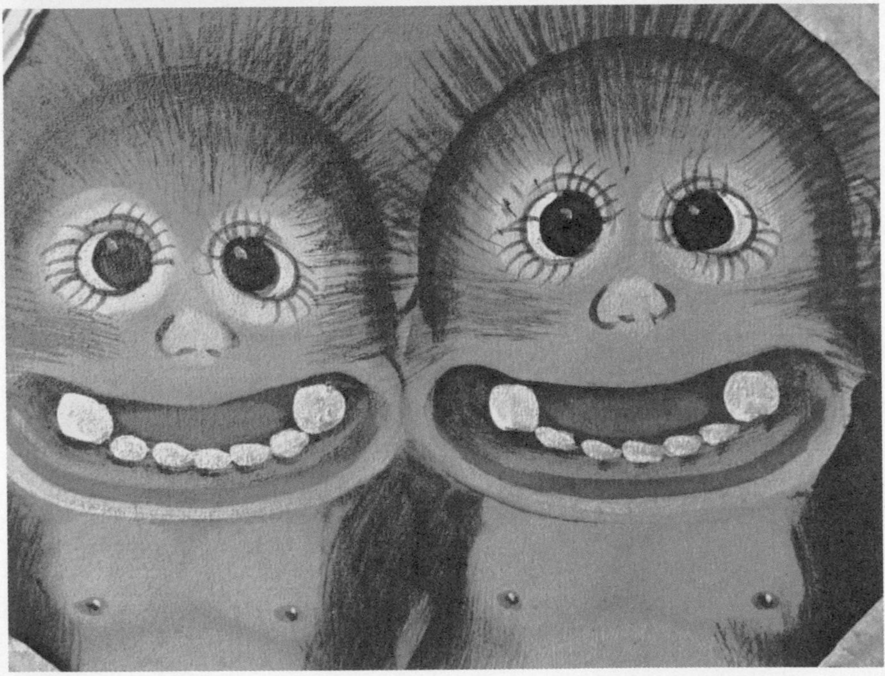

第二十三封信
烏布的私人美術館

親愛的Z！

收信愉快！

時序已入冬，我在寒流來襲的隔天，獨自飛往峇里島。清晨的桃園機場裡滿滿是人，可能都是些趕在年前出國旅行的上班族吧？此刻的你正在做什麼？是不是像你曾說過的？圍著長長圍巾，站在風中的路邊咖啡亭，喝著一杯熱拿鐵？

抵達峇里島，已是午後三點。夏日的陽光閃亮耀眼，我在機場上等待卡蘿來接機。再次來到這裡的感覺，已沒有半年前初來乍到時的新奇、興奮，反而多了份冷靜。靜靜看著機場裡的人來人往，認真招攬遊客的司機，雖忙碌，卻不失閒散的氣

烏布的私人美術館

息。峇里島之所以吸引我，也正是這樣的生活節奏。

等了快半個小時，卡蘿終於趕來了。回程她說要順道去挑龍蝦，並到大賣場購物。

很高興能有這樣難得的機會，跟在她身邊，看她如何爲VILLA精心挑選食材與室內外擺設。我覺得所有成功人士，必定都有值得他人學習之處，那些令人折服的，往往潛藏在日常生活的細節裡。我所觀察到的卡蘿，是個全心全意投入VILLA工作的經理人。她認眞地把工作當遊戲，在旁人看來好像很辛苦，可她卻覺得很好玩。不得不讚嘆：樂在工作的人，最是幸福。

抵達峇里島的隔天，來到卡蘿VILLA附近的一家私人美術館。

它的占地不大，但館前有個小小庭院。院子裡有個人正在裝飾新年的祈福竹竿，神情敬虔、專注。見到我在他面前停下機車，他禮貌地對我點頭微笑。我請問他製作這竹竿有什麼特殊意義？他說這是爲了過年祈福而準備。一般來說，手工製作一支祈福竹竿至少要花三天的時間。這是峇里島的過年傳統，也是家家戶戶都很慎重準備的旗竿。

我請問他，是否可以進入美術館裡參觀？他微笑著說：「當然沒問題。」他還說裡面所展示的畫作，有的是他自己的，有的是他朋友的。原來他是畫家本人。

謝過他後，我旋身走進小小私人美術館裡。

烏布的新年祈福竹竿

迎面映入眼廉的，是一幅峇里島女郎的畫作。

畫裡的女人約莫二十來歲，風華正茂。

她穿著深紅色的衣服。頭上別著相同顏色的髮飾，擦著亮紅色口紅。像是正好推開門準備走出來的模樣。兩手扶著門框，臉上帶著笑，左手拿著一朵小小的雞蛋花。全身散發出一股自信、溫婉，不失活力的青春氣息。

我在她臉上讀到一股平和與篤定的氣息，彷彿人生在握，無需爲任何事擔憂的安然自在。就像我在峇里島烏布見到的當地人一樣。

如今，我慢慢地與這樣的人事物接近了，總有一天，我也會成爲畫裡的人嗎？

歷經生活洗練後的自己，又將散發出怎樣的氣質？

其實，我並不眞的在乎。

在我心中剩下的只是一份純粹。

渴望靈魂的自由與靜謐。

不再被任何人事物擾動的那份安定。

像畫裡的女人，閒靜地立於門畔，

笑看人來人往。

今天我想把這份寧靜的心情和你分享。

願你也能過得閒適自在！

A.2016.8.31.

烏布的私人美術館裡的畫作

第二十四封信

烏布的旅人

親愛的Z：

別來無恙？今天下午，我獨自一人安靜坐在SINEMAN咖啡館的戶外座位區，午後的陽光明亮，人來人往，天氣十分炎熱，但我有一杯冰咖啡和一塊小小的布朗尼。

再兩天就是台灣的農曆過年了，人在異鄉，對外在環境的變化特別敏感，同時，心境上也更安靜沉澱些，似乎更明白存留在心中的是什麼。一個人獨自走在異鄉街道上，深深體會到在這世上，始終在乎你的安危的，也只有家人和知己了。

坐在人來人往的街道旁，看著不同的旅人從身邊經過，他們走向各自的旅程與方向。恍然明白，你也是我曾路過的風景。像我眼前所見的這對甜蜜互動的男女一樣，美麗的風景。

烏布的旅人和街景

烏布的旅人

我很想將這一幕幕打包帶走，一如很想將我們曾有的歡聲笑語，永遠懷抱在夢裡，不願稍離。但，再美的景色，都只能是路過。正如這一生，這趟沒有回程的旅途，我們路過了彼此一樣。縱使再喜愛，也帶不走。

深信有一部分的我們，早已揉進了彼此的生命，長成另一個樣式的生之繁花。

這樣就好了。

你呢？你又將如何看待這一場又一場的聚散別離？

A.2016.8.30

烏布的建築與旅人

第二十五封信

烏布人的傳統服飾

親愛的Z：

在峇里島的這段時日裡，我注意到烏布人的穿著，進出寺廟時的那份慎重，對傳統與信仰的堅持。當地人當然也用手機，但很少看到有人一直滑手機。倒是咖啡館裡，看起來像觀光客的外國人，他們或使用筆記型電腦上網或滑手機。好像只是換了一個國家，一處新的地方，繼續使用3C產品罷了。看到這些景象，在在提醒我思索「傳統與現代間的拉扯與連結，如何取得平衡？」這個問題。

就從服飾上來說吧！峇里島人，大部分穿著具有當地文化風格的服飾。當然也有混搭風，不過，大致上來說，是種很放鬆，很自然的感覺，多半色彩豐富多采，具有南洋風格，卻又有山的沉靜氣息。想起在台灣，我們穿的衣服，很少看到兼具台灣文化的服飾。漂亮的原住民各族服飾大部分也只在一年一度的豐年祭或部落慶典才有機會見到。我想像，在平常的日子裡，走在街道上，不經意遇見各種族群的人穿著他們的傳統服飾，自然、安靜地散步或購物，那該是何其美麗的一幅景象。

想起有一年夏天，在杭州西湖邊住了一個月。傍晚涼蔭時分，經常騎著單車在蘇堤、白堤上晃悠。楊柳拂疏的白堤上，偶有遊客，來來往往。雷峰塔高聳在左前方，夕陽冷不防地就把湖面染紅了。不經意看見蘇堤的不遠處有位身穿連身旗袍的西方妙齡女子，手撐油紙傘，閒步自在地朝我的方向走來。當時，幾乎誤以爲時空錯置了，她那身裝扮，揉合了現代時尚潮流風格，剎那間，見識到傳統與現代交會的美感，驚爲天人。

寫信給你的此刻，筆記型電腦裡傳來Birdy的歌聲All you never say。

想與你分享這首歌。

希望你會喜歡。

A.

烏布人的穿搭

第二十六封信

獻花

親愛的Z：

收信開心！

昨晚作夢了。夢裡，你待我像陌生人。夢境裡，我沒有黯然神傷，只是怔忡。望著你的一舉一動，像在觀賞一齣默劇，心裡縱有如雷的聲響，卻僅是無言以對。你能體會那種奇特的感受嗎？就好像現在正在寫信給你的我，明明有個訴說對象，卻又像對著空氣說話。是什麼讓我執手不放？

在峇里島旅行時，每天都看到花，到處都是。牆上恣意開著的雞蛋花，門口經過簡單祭拜儀式後，隨意擺放的各色小花；在某個轉彎處，不經意撞見一個可愛憨厚古樸的雕像，祂耳畔別著的紅花、白花，以及愼重擺放在佛像腳跟處的野菊，雖是簡單的小花，卻在在提醒我生命是何其美麗，滿溢芬芳。

今天，我想獻花給你。

也獻給遠去的回憶。虔誠地向過往膜拜一次。

但願從此，那不肯安息的愛，能重新開始，猶如重生。

願你天天開心！

A.

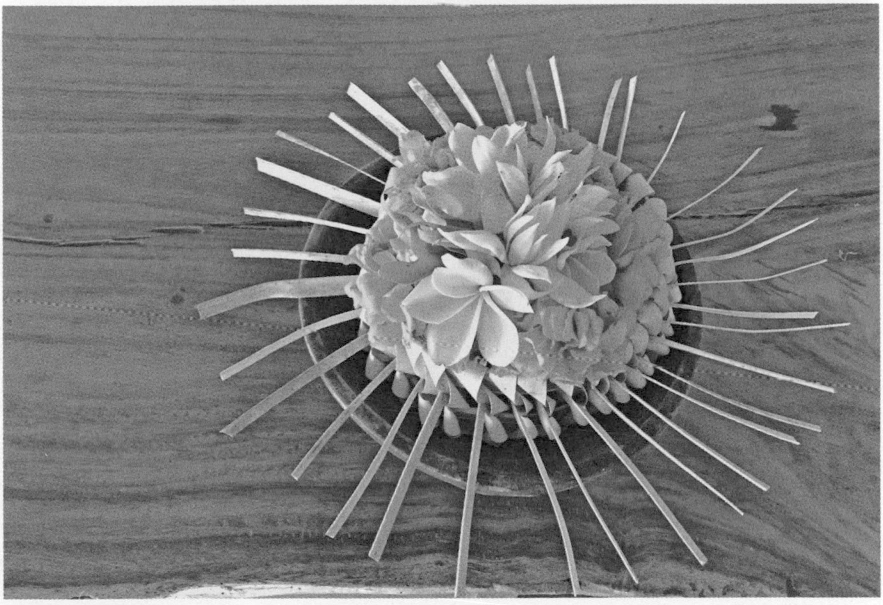

晨起，獻花給神

第二十七封信

活出藝術

親愛的Z：

那天要去水明漾海邊的路上，卡蘿帶我們路過一家她很喜歡的服飾店。店裡賣的衣服休閒又不失優雅，是那種可以穿去上班，也能穿去會友的舒適服裝，表妹和我都很喜歡。但就我個人而言，購物並非此行目的，忘憂才是。將自己拋擲在異鄉不同的天氣、迥異的文化氛圍裡，問問自己，人生還有沒有另一種可能，另一種活法？

服飾店的對街是家烏布有名的木雕藝術工作室，同時也是作品展示店。

一開始，我們被它店外的擺設所吸引。古樸的建築物外立有幾座精緻木雕藝術品，木椅、木桌和看起來像河馬頭的雕像，讓人不知不覺被它的藝術氣息深深吸引。

PREMIUM

充滿藝術風的生活設計品

走進店裡，明亮的展示中心有各式各樣的木雕擺設，佛像、馬和畫。女店員和善有禮地和我們打招呼，不會讓人有壓迫感。我個人認爲，進退合宜是服務員的最高境界，她便給人這樣的感覺。

如果你問我最喜歡哪件藝術品？只能說觸目所及的每一樣，都想帶回家。

讓人印象最深刻的是一幅掛在入門牆上的油畫。畫裡是個大大的，女人的臉。她的五官立體、深邃，塗上大紅色口紅的雙唇，小巧性感。畫家在女人的臉右側延伸出去，畫了另一張在鏡中一模一樣的臉，營造出一種畫中有畫的構圖，多了份立體感，也像劇中劇，意象繁複，耐人尋味。

使我想起了你。

想起你曾想成爲一名服裝設計師。想起我們曾努力往共同的方向邁進。

只如今你是否依樣走在最初夢想的路，卽便遭遇挫折困難，也不輕言放棄？如今的我，正努力建構自己理想中的生活樣貌，回憶中的你之於我，像這幅畫，已成了生命裡的畫中畫、劇中劇。

感謝你用歡欣與苦楚，豐富了我的人生。

想起那句曾送給你的話：「雨夜風櫻亦話禪。」那些曾一起經歷的雨夜，雨中的日本櫻花，你的笑和我們心底的傷，如今已像遠去的夢那樣斑駁。

或許這才是生命的眞實況味。

歷經破碎，以苦痛爲佐料醃漬過的人生，方能日漸現出甘甜。

曾經破碎的心和回憶，已如羽化之蝶，慢慢飛出渴望的自由。

再沒有什麼能阻擋前路。勇敢活出屬於自己的生活藝術、生命之路吧！相信無論如何，它都將是一幅繽紛多采、虛實相間的生之畫作。

回想這一路走過的風景，只能說「處處藝術，時時精采」。

這同時也是這家無意中發現的木雕藝品店給我的感動。

我想用它來期許自己今後的人生能勇敢地活出精采、活出藝術。

願你　往後的人生，也能精彩如昨！

A.

第二十八封信

All I Want

親愛的Z：

在峇里島的這段時日，我喜樂做的事之一，便是穿著方便舒適的衣服，坐在發呆亭裡讀書、寫作。

時光漫漫，似乎只要一直坐著，它便會以自己緩慢的節奏，幽幽地晃盪晃盪，像慢速鞦韆那樣，晃過來、盪過去，悠哉到讓人心虛，可心虛之餘，不免想到，經濟條件相對不錯的台灣人，又為何過得緊張、辛苦？這是個有趣的現象，同時也提醒我：物質生活，或許能給人一定的心安，但難以給人長久的快樂。試著以自己的生活為實驗原料，去找尋屬於自己的一百種快樂方式。其中一種，便是像這樣，坐在路旁，一座外觀簡單不起眼的發呆亭裡與身旁的綠樹、遠方的青山流水，同坐、共呼吸。那一刻，竟感覺自己跟你靠得很近。

為了暫時逃離生活的無力感，我來到了烏布，遇見峇里島烏布一家有機田園野蔬餐廳。用餐時間，餐廳裡幾乎滿座，或獨坐冥想；或三五好友開心閒談。氣氛寧靜自在，即使因為談話聲而喧嘩，心裡依樣感到寧靜舒放。

或許神希望我找回的是自己，以及祂始終昭示我，但我卻一直視而不見的，與生俱來的，生之喜悅。

和朋友吃過有機田園野菜後的我，身心靈蓄滿了正能量和元氣。一個人靜靜坐在餐廳旁的發呆亭，欣賞大自然的綠意盎然，即使心裡有一處，還是隱隱作痛，但感覺，另一個自己也正默默地新生。調整看世界的眼光和角度後的我正慢慢療癒，學習重新看待世界，視角不同、想法不同，也就釋然了。

回歸內在，回到自然懷抱，我知道生活裡的一切靜謐而美好的恩賜，都是上帝慷慨的給予，我們只需讓心安靜下來領受，就可以了。

行筆至此，音響裡傳來：Kodaline唱的All I Want。男歌手溫柔、低沉地唱著，聽著聽著，心情慢慢沉靜下來，我想將峇里島的寧靜與自在，隨信捎給你～

願你也能感到心安自在！

A.

白天的發呆亭

獨坐，冥想

夜晚的發呆亭

第二十九封信

夏日香氣

親愛的Z：

收信展歡顏！

今夏，偷得浮生半日閒，我和表妹又來到了峇里島。

第一個晚上，我們住在金巴蘭距離機場和海邊不遠的一家名叫拉圖的旅店。

這是家民宿，設備簡單，外觀有點簡陋，從大馬路走進來的那條巷子又髒又臭，夜晚的巷子裡伸手不見五指，有點可怕。當晚，我們抵達民宿已是半夜一點半了，沿途狗吠聲不斷。一入住沒多久，大約半夜兩點多，我立刻傳訊息給卡蘿，問她隔天有沒有到機場附近，如果可以，請她順道來把我們接到烏布的VILLA。

第二天，我們十二點多才起床，先走路到大街上隨處看看。巷口有一家名叫BENOA SQUARE小商場，一樓有家中國人開的超市。人在異鄉，可以說中文的感覺眞好。我們在裡面逛了一下，買水和夾腳拖，並在商場外的小咖啡亭裡點了杯熱美式，坐下來慢慢喝，為今夏在峇里島自助旅行的第一天，拉開序幕。

正午的金巴蘭陽光很強，我們事先問好了路，慢慢往海的方向移動。半路上看到一家頗乾淨的餐廳，決定進去吃午餐。因為菜單上只有印尼文，店裡的服務生也不會說英文，我們只好看著菜單上的照片隨意點餐，結果全送來了有辣椒的菜，所幸吃起來口味還不錯很下飯。午餐後，我們先回民宿稍作休息，順便躲避正午的烈陽，直到傍晚再走到海邊吹風、欣賞夕陽美景。

夜裡的金巴蘭海邊餐廳皆紛紛架起了餐桌，並點亮桌上的蠟燭，燭光照亮了深藍色的海岸，煞是浪漫。表妹和我只點了飲料，坐在海邊吹風，感受一下慵懶的夜晚時分。遠處就是機場，不時有人放起了煙火，海邊的煙花像急於訴說什麼，暗自綻放、消失。

靜靜坐在海邊，心裡平靜無波，幸福無語。

此刻的你正在做什麼？

大約晚上九點半左右，卡蘿來到海邊把我們接走。回到了VILLA，房裡的玫瑰花已準備好了，浴缸也灑滿了紅色的玫瑰花瓣，在玫瑰花環繞的香氣中靜靜入睡。

今晚是滿溢著夏日香氣的，烏布的夜。
願你也能感到寧靜愉悅！

A.2017.8.13

第三十封信

烏布皇宮與國慶

親愛的Z：

收信快樂！

今天早上九點多起床，早餐準時送來我們的屋裡了，享用完早午餐，我們騎車來到了主街準備逛皇宮。烏布皇宮（Puri Saren）是蘇卡瓦堤（Sukawati）王室的居所。位於烏布市場（Ubud Pasar）對面，是主街（Jl Raya Ubud）與猴

簡單美味的早餐

林路（Jl. Monkey Forest）交會處。皇宮建於16世紀，共有60間房，宮殿的大門氣勢恢宏，內部的手工雕刻精緻細膩。

逛完皇宮後，發現附近有慶典活動，街上人來人往，絡繹不絕。我們找到一家地理位置不錯的店，坐下來喝椰子汁，享用小點心，順便欣賞街上的遊行活動。經詢問過餐廳的服務生後得知，原來明天（八月十七日）是印尼的國慶日，由於今日是彩排，許多國小、國中生由老師帶隊，手拿未點燃的火把，興高采烈地參與活動。

峇里島的國旗由紅、白兩色組成。紅色代表勇氣，白色代表純潔。國慶日的前一天，街上和許多商店早已掛滿紅白國旗，空氣中飄散著一股歡樂愉悅的氣氛。當地的居民，物質生活雖不一定寬裕，卻有著坦然面對生活的勇氣與自信，或許正因爲那份敬天愛神，時時保有的純淨之心，讓他們活得如此坦率，而這些可貴的特質，也讓烏布成爲一個獨特的地方。

街上的人們的心情隨著國慶日的到來而歡欣鼓舞，我們也感染了歡樂氣息，心情不由得開朗了起來。

今天你過得開心嗎？

A.

第三十一封信

烏布的博物館

親愛的Z：

最近好嗎？

今天是印尼的國慶日，原本打算一早去看看歡慶節日的表演，但早午餐十點半才送來，享用完餐點後，再聽一下歌，已是中午時分。卡蘿說慶典活動一般都是早上舉行的，因此我們就取消去看慶典的計畫，轉往田園，欣賞田野風光，順道享用有機田園餐。

出門前卡蘿拿出地圖叮嚀我們行走的地標、路線，再加上沿途的問路，終於來到了田間小路。和前年第一次來相比，遊客減少了許多，心情也不再一樣，或許是因為天色已暗，且下了點小雨的緣故吧！去餐廳前，我們經過了烏布的博物館The

Museum Puri Lukisan。據說這是烏布最古老的博物館，便順道進去參觀。裡面展出了許多或傳統或現代的藝術畫作，

也有木雕，作品從戰前（1930-1945）到戰後（1945-當代）時期都有，有些畫作具有濃濃的原始森林風，呈現出烏布的歷史、地理環境與人文況味。

參觀完博物館，拿出地圖按圖索驥，不費吹灰之力，我們很快便找到了Sari Organik餐廳。餐廳裡的客人比上次來時少了許多。我們找到一處面向田園的座位，點了椰子汁、芒果汁和峇里島小甜點（吃起來QQ的，像年糕的口感），表妹和我很放鬆地聊天說笑。沒多久，又下起了小雨，我們只好繼續待在餐廳裡看電影「美女與野獸」。待雨停後，往主街上走去，便很快回到了VILLA。

今天我們過得很充實，一整天都沉浸在濃濃的田園藝術風裡。

你呢？今天過得如何？

願你

快樂如昔！

A.

第三十二封信

烏布的家廟與宗祠

親愛的Z：

星期六早晨，烏布又下起雨來了。

前幾天，卡蘿說星期六下午要舉辦BBQ。

但因爲我們一直吃得不多，因而作罷。

中午出門，決定前往新開的Seniman coffee分店，新穎開闊的風格與市中心那家創始店的風格迥然不同。很高興我們來到了這個新的地方，欣賞新的風景，有了新的體驗，和表妹一起共度開心時刻，幸福洋溢。

Seniman的coffee、甜點都在一定水準之上。這就是峇里島給我的感覺，在隨興自在中，有一定的堅持與品質，也是我一而再、再而三想回來的原因。

Seniman coffee咖啡館後面有個大大的畫廊叫Tony raka art gallery，裡面有很多當代藝術家的畫作。其中有幅畫是畫一棵樹，一棵像人一樣穿衣服、穿褲子、戴帽子，看起來很酷、很有意思的樹。裡面還有一些木雕，算是一座小型美術館。美術館裡的工作人員很有禮貌，也很熱心地領我們到各個展示廳參觀，並耐心地幫我們查看畫作的價格，態度良好，逛起來特別舒服。

在Sineman喝完咖啡後，雨變小了，於是我們便隨著人群移動的方向騎去。來到一戶人家門前，看見幾部機車停在那兒，有男女老少帶著供品進去一戶人家的家廟拜拜，我們問正要進去的一位婦人是否方便進去參觀？她微笑點頭回應，我們便走進去看一看，看到大家忙著把帶來的供品仔細放在供桌上，神情恭敬、肅穆。大家見到我們在一旁觀看也沒有不悅的表情，只是很自然地點頭、微笑，表示友好。有位先生還跟我們聊天，告訴我們可以再去附近一個宗廟參觀，還有一位阿婆拿餅送給我們，眞是太親切了。

表答謝意後，我們便往外走，騎車到宗廟看看，過了不久，原本在家廟裡拜拜的那群人，陸陸續續來到了宗廟，準備拜拜。所有的人一起或坐或跪在地上，朝著同一個神像拜拜。我們不便進去打擾，在一旁觀看了一會兒，便騎車回市場，經過一家去年和朋友吃過的餐廳，名字叫café Marzano,Ubud就帶表妹去吃，Pizza皮薄餡好，她吃得很滿意。

後來，我們去主街逛逛，表妹想買烏克麗麗的調音器，可惜時間太晚了，又下著小雨，原本有賣調音器的攤位都已收攤了。我們只好先打道回府，打算明日再來。

這次來，多了一份生活味。

願你

生活愉快！

A.2017.8.19

第三十三封信

烏布的Atur.Sari火山、梯田和夜市

親愛的Z：

昨天卡蘿說今天要帶從台灣來的朋友去遊火山、吃鮮魚。一早大約十點十五分左右，我們一行人出發去看Atur.Sari火山。沿途遇到好山好水好風景便停下來拍照。首站來到了美麗的梯田，雖然占地小小的，但風景很美。之後卡蘿帶我們到一個全部立有保護神的小村子，逛了一家木雕廠，沿路還買了榴槤吃，邊玩邊吃，煞是有趣。同行的台灣朋友L大約三十歲，是卡蘿的朋友，人很活潑、可愛，和她相處起來很舒服。

後來，卡蘿帶我們去一家鮮魚餐廳吃飯，魚很鮮美好吃。看卡蘿用手抓飯吃，眞有意思。午餐後，我們去看火山，大家找到一家餐廳，坐在不錯的位置，看看火山、

喝喝咖啡，卡蘿同時告訴我們有關火山附近一個「天葬村」的故事。

她說她曾去參觀「天葬村」，那裡的人有個習俗，就是要向進村的每個人要一塊錢。所以，當她們去的時候，準備了零錢，經過天葬區時，見到滿地屍骨，一開始覺得有點恐怖，後來就漸漸不怕了，甚至開始近距離觀察地上的屍骨。卡蘿還說這個村子，雖然滿地屍骨，卻沒有一點臭味，因爲當地種了一種樹，這種樹將臭味吸走了，卡蘿不知道樹的名字，所以將之稱爲「神奇之樹」。

回程路上，卡蘿沿途介紹各個村子的習俗與風土民情、歷史、文化。她說有個村子全村的人都信奉印度教。這個地方家家戶戶的門都小小的，因爲他們相信魔鬼長得很胖，進不了窄小的門，萬一進去了，入口處還有座門神擋住，要是擋不住了，圍牆矮矮的，可以把門神趕出去，這樣的想法可愛又有趣（到底有多害怕魔鬼呀？）。

下午，我們一行人抵達聖泉廟。雖是第二次造訪，依然感到新鮮有趣。

進廟前，每個人都必須在褲子外圍上一條圍裙，以示對神明的尊重。卡蘿說聖泉廟除了可祈求平安外，還有祈求生男生女的佛像，眞有意思。

晚上和表妹一起去逛烏布夜市。我們買了類似雞蛋糕的小甜點，表妹很喜歡吃。

她還特地留了三個說是晚上和卡蘿的兒子安卓玩時要送給他吃。
今晚我們在卡蘿家聊天直到晚上一點多才回後面的民宿休息。
此刻，你的心情又如何？
願你
平安如昔！

A.2017.8.31

第三十四封信

烏布的星期天

親愛的Z：

星期天早晨的烏布很安靜，空氣中雜揉了樹的清香。

一早大約五點半左右我便醒來了，走出房間，來到陽台坐坐，吹風，寫日記，隨意看看眼前的椰子樹，心情好不暢快！過了一個半小時，表妹也起床了。我們享用完早餐後，她開始練習彈烏克麗麗，我則在一旁寫旅遊日記。

下午我們輕裝簡便地走出民宿，再到巷口的Mineri咖啡館喝杯卡布其諾。

然後一路散步往主街方向前去。路上看到一家新開的飯店名叫Premier best western，它的外觀看起來很不錯，建築的主調是淡黃色，看起來很舒服。上網查看了一下，發現最低價大約是台幣兩千元，價格還算合理。飯店大門外，還有警衛站崗，頗安全的樣子。接著往外走，便看到Sineman café本店，我們在二樓平台外坐下，點了拿鐵和蛋糕，兩人靜靜坐會兒，也不太聊天，只是坐看人來人往，輕鬆自在。

晚上我們無意間經過一家有現場演唱的餐廳，詢問了服務生，查看了MENU，飲料價格也不貴，便入坐，各點了一杯新鮮果汁，安靜聽歌。

店內幾乎全是西方客人，有些客人明顯是這位印尼歌手的粉絲，和歌手有不錯的互動。我們很享受這樣的夜晚。大約九點半左右，慢慢走回民宿，卡蘿還在等我們去她家一起聊天。

這是個安靜的夜晚，心情也很恬靜。

願你　如我一般！

A.2017.8.20（日）

本日公休

寧靜的午後時光

第三十五封信

烏布的舞蹈

親愛的Z：

收信快樂！

漫長的暑假已接近尾聲，美好的峇里島假期也即將結束了。

今天傍晚我們將前往機場附近，在拉圖旅館住一晚，預計隔天去海邊看夕陽，半夜十二點半左右，搭機返台。

下午，我們在主街上小逛了一下，無意間看見皇宮附近的一所集會場上，有幾位年輕男女在跳舞，他們看起來約莫是高中或大一的年紀，女生在內圈，男生圍在外圈，約二十個人一起進行一場又唱又跳的舞蹈，生動的肢體律動與青春洋溢的笑，看得出來他們非常樂在其中。據說舉凡大大小小的慶典活動，這裡的人都會以喜樂舞蹈來展現。不同的舞蹈型態有不同的意義，有的舞蹈表達戰爭的無情，有的則展現對神靈的敬畏、對人性善與惡的表述，具濃厚的宗教及文化色彩。比如：雷貢舞、戰士舞等，在在展現舞蹈是烏布人們生活中不可或缺的一部分。表妹和我都看得津津有味，覺得很有意思。比起前些天晚上，我們在皇宮劇場看的舞台劇來說，這眞是精采多了。

回到villa，我們把機車歸還給普渡，和她簡單話別，等安卓下課歸來，和他玩了一會兒，一起吃竹葉烤魚後，便前往機場附近的旅館。

心情有些不捨，但相信我會再回來。

今天的你，心情好嗎？一切順利嗎？

晚安！

A.

第三十六封信

謝謝烏布、謝謝你

親愛的Z：

今天是這個夏天在峇里島旅行的最後一天。

早上起床後，我們便計畫如何在海邊度過美好的一天。約莫近午時分，再度來到了金巴蘭海邊。陽光很強，心情有些複雜。我們找到了一家店，坐在沙灘上的遮陽傘下，點了杯冰咖啡和一杯釋迦巧克力，一盤炸馬鈴薯和NASI GORENG。午飯後，忽覺有些睏，便躺在躺椅上小睡片刻。表妹則忙著拍照和玩PANDA手機遊戲。

傍晚時分，夕陽漸美，我們來到一家看起來非常高級的飯店門口點了簡單的飲料，坐在海灘座椅上，吹吹風，欣賞夕陽下的海景。

回憶起在峇里島的夏天，眞可謂是生命中一段非常舒放自由的假期。美景、美食與好友相伴，心裡也漸漸放下一些過往的執念。時間果然是最好的療癒師，想起三年前初次來峇里島的那個夏天，當時的心情和對你的思念，只如今都慢慢放下了。

生命總在拉長了時間後，回過頭才發現當初以爲過不去的難關，在時間面前都一一被超越、被撫平了。

愛其實一直都在，只要越放手，那份溫暖的感覺便出奇不意地回到心中。

我想再次感謝神，是祂先將我的心破碎，再一點一滴重新拼湊，爲要使我的生命更新。

卡蘿說比起三年前，我變得更溫柔貼心了。

花了三年的時間，我才慢慢學會了一些功課。

無所謂後不後悔，唯有感恩。

謝謝有你出現在我人生的旅途中，謝謝你曾慷慨給予的愛和不經意的傷害，所有的歡樂與苦痛都間接幫助了我認識那個最初的自己，讓我成爲現在的我。

更謝謝烏布，以它的自然舒放，救贖了我。

誠願

平安喜樂！

A.2022.7.15

烏布De Ubud Villas

國家圖書館出版品預行編目資料

烏布的天空：來自峇里島的小情書／安小柏Amber Z.著. --初版.--臺中市：白象文化事業有限公司，2023.11
面； 公分
ISBN 978-626-364-080-1（平裝）
1.CST: 旅遊文學 2.CST: 印尼峇里島
739.629 112010718

烏布的天空：來自峇里島的小情書

作　　者　安小柏Amber Z.
校　　對　安小柏Amber Z.
發 行 人　張輝潭
出版發行　白象文化事業有限公司
412台中市大里區科技路1號8樓之2（台中軟體園區）
出版專線：（04）2496-5995　傳真：（04）2496-9901
401台中市東區和平街228巷44號（經銷部）
購書專線：（04）2220-8589　傳真：（04）2220-8505
專案主編　陳婕婷
出版編印　林榮威、陳逸儒、黃麗穎、水邊、陳婕婷、李婕
設計創意　張禮南、何佳諠
經紀企劃　張輝潭、徐錦淳
經銷推廣　李莉吟、莊博亞、劉育姍、林政泓
行銷宣傳　黃姿虹、沈若瑜
營運管理　林金郎、曾千熏
印　　刷　基盛印刷工場
初版一刷　2023年11月
定　　價　299元